学「慧」做教育

杨学慧 著

黑龙江教育出版社

图书在版编目（CIP）数据

学“慧”做教育 / 杨学慧著. -- 哈尔滨 : 黑龙江教育出版社, 2020.6

ISBN 978-7-5709-1500-2

Ⅰ. ①学… Ⅱ. ①杨… Ⅲ. ①中学教育—教育改革—研究 Ⅳ. ①G639.21

中国版本图书馆CIP数据核字(2020)第105272号

学“慧”做教育

Xue “Hui” Zuo Jiaoyu

杨学慧 著

责任编辑 曾令欣
封面设计 百悦兰棠
责任校对 张伟佳
出版发行 黑龙江教育出版社
（哈尔滨市道里区群力第六大道1305号）
印　　刷 北京军迪印刷有限责任公司
开　　本 787毫米×1092毫米　1/16
印　　张 16.75
字　　数 230千
版　　次 2020年6月第1版
印　　次 2022年8月第2次印刷

书　　号 ISBN 978-7-5709-1500-2　　定　　价 68.00元

黑龙江教育出版社网址：www.hljep.com.cn
网络出版支持单位：东北网络台（www.dbw.cn）
如需订购图书，请与我社发行中心联系。联系电话：0451-82529593　82534665
如有印装质量问题，影响阅读请与我公司联系调换。联系电话：010-53069867
如发现盗版图书，请向我社举报。举报电话：0451-82533087

大连市第三十七
深圳市罗湖高级中学
缔结姊
签约仪式
姊妹学校

领跑新初一
初中生活早知道
大连市第三十七中学
2019.12.4
大连市第三十七中学

礼
化之旅
INTO ELEGANCE
市第三
口课程
VAL COURSE OF THE
SCHOOL IN DALIAN

国首届中小学小班化教育研
暨环渤海地区论坛

a19

目录

第一篇　我的蝶变之路

第二篇　七十一中——创造由薄弱到优质的美丽神话

第三篇　三十七中——探索学生快乐、教师幸福的教育

第一篇 我的蝶变之路

激情是校长的一种状态，

它能让你始终保持初出茅庐的豪情；

反思是校长的一种自觉，

它能让你不断挖掘自我成长的潜力；

创新是校长的一种能力，

它能让你的理想中的教育境界快速实现；

细致是校长的一种态度，

它能让你的教育之梦落地生根。

激情、反思、创新、细致……让我完成了从教师到校长的蝶变。

个人档案

生于1968年12月，辽宁省大连市人，中共党员。教育硕士研究生，中学高级教师。1989年8月参加工作，在大连市第七中学、西岗中学工作期间，曾先后担任班主任、备课组长、教研组长、年级组长、值周队长、科研主任、德育主任、团委书记、教导主任、副校长等职务；2007年10月走上大连市第七十一中学校长岗位；2014年8月担任大连市第三十七中学校长。四所学校各不相同，分别是区域内最薄弱学校、区域内中坚力量、全市首个公办民助性质学校、区域甚至全市老牌优质学校，在不同的平台获得不同的历练和成长。

曾荣获大连市骨干教师、大连市学科带头人、辽宁省学科带头人、全国优质课一等奖等殊荣；以卓有成效的工作成为大连市名校长，连续多年被大连市教育局聘为“导师校长”，被辽宁省教育厅授予“杨学慧名校长工作室”主持人，曾荣获“全国百强特色学校模范校长”“辽宁省第三批专家型校长”“大连市德育工作先进个人”“大连市科研工作先进个人”“大连市劳动模范”“大连市优秀共产党员”“西岗区劳动模范”“西岗区优秀教育工作者”“西岗区优秀共产党员”等荣誉称号。主持多项省市级科研课题，同时成为国家级课题《中小学小班化高效课堂教学研究》的参与者，多次在《中小学管理》《人民教育》《大连教育》发表文章，应邀在全国各地做经验介绍及专题讲座30余场。

成长故事

大连市第七中学（1989—1998年）：化蝶的起点 成长的摇篮

1989年8月，我告别象牙塔，来到大连市第七中学这个梦想开启的地方。这里有着我太多的“第一次”，第一次上课、第一次班主任、第一次公开课、第一次获奖……可以说，我对教育的热爱和执着孕育于这片热土。林肯说：“每一个人都应该有这样的信心——人所能负的责任，我必能负；人所不能负的责任，我亦能负。如此，你才能磨炼自己，求得更高的知识而进入更高的境界。”初入教育园地，没有左右逢源的人情世故，没有瞻前顾后的成败顾虑，我怀着一份澎湃的热情和勇挑重担的自信，工作第一天便主动请缨做班主任。有人说，不做班主任，就不是一个完整的教师。为了这份完整和崇高的人生体验，我从泪水开始，从迷惘起步，在耕耘中收获，在忙碌中欢乐，一连做了8年班主任。这期间，我深悟了班主任的双重内涵：一半“慈母”，用温情和关爱陪伴孩子健康成长；一半“严父”，用规范和严格雕塑每个孩子的品质和习惯。同时班主任工作让我熟稔了爱的艺术，掌握了严的尺度，学会了如何在矫枉过正的阵痛中升华真爱的主题。

回顾自己做学生时的感受，我深知一名教师对学生意味着什么，因此，从踏上三尺讲台的第一天起，我便暗暗发誓：“昨天我可以不是最好的学生，但今天我一定要做一名出类拔萃的专业教师，教出明天最好的学生！”在专业发展上，我笃定一生只做一件事，穷尽毕生精力做好一件事，立足政治学科教学，以自强为起点，潜心钻研教材、教法；以自悟为渠道，钻研理论，尝试实践；

以专业引领为动力，虚心求教，反思进取。有人说，做学问的最高境界是“只管耕耘，不问收获”，我没有刻意追求收获，而作为耕耘的副产品——收获却不期而来。从第 3 年开始，我便频频登上市区教学大赛的舞台，参加过全国课堂教学大比武，先后获得省级学科带头人、省级优秀指导课、省市骨干教师称号，成为大连教育学院名师工作室成员，被聘为辽宁省政治学科专家组成员。

良好的开端，就是成功的一半。因为多了一分执着和痴迷，我的教育教学工作走在了同龄人前面，正因如此，我的脚步更不敢有丝毫的怠惰。我出身于教师世家，爸爸、妈妈、公公、婆婆和外公都是教师，从小耳濡目染，我深爱教师这一职业。教书育人，厚德载物，唯有成为品德高尚的人才能真正无愧于教师这一称号。我坚守着做人的本分：谦虚、诚恳、与人为善。在我看来，一个人无论有过多少工作经历，有过多少角色变迁，都要知晓这一切的获得承载了太多人的培养与付出，在太多的真诚相助中，自己是微不足道的。所以，没有理由让自己骄傲和浮躁，只能做好自己分内的每一项工作，不管有多少困难，多大压力，都努力做到尽善尽美。

大连市西岗中学（1998—2007 年）：学艺的沃土 实践的花园

1998 年 8 月，西岗中学成立前 1 年，我作为市级骨干教师被抽调到大连市第四十一中学，担任教导处主任助理，与当时学校班子成员一起，卧薪尝胆，励精图治，经历了大连市第一所公办民助学校——西岗中学的诞生过程。在此工作的 9 年里，勤奋刻苦，耕耘不辍，先后担任教导处主任助理，分担德育工作，兼任值周队长；担任教导处副主任，主抓德育和科研工作，兼任团委书记；担任教导主任，主持教导处工作，主抓教学管理；2004 年担任主管教学工作的副校长，对学校教育教学管理日臻熟稔。在这里，我实实在在地学到了管理的理念方法，提高了自己的管理能力，掌握了学校管理的基本技巧。在这里，我亲历了一所薄弱学校华丽转身的发展历程，见证了西岗中学从创建、发展到走向顶峰的全过程，这段宝贵经历，给了我奋力前行的无穷力量。

一所规划之初就确立了“打造全市品牌”目标的学校，从迈出的第一步开始就要求每个领导干部要带领一个独特的团队，走一条非同寻常的发展之路，这条路必须是高起点、高速度、高质量。

以特色求发展，在“打造东北第一操”中找到自信。作为一所新学校的教导主任，我承载了实施层面最严峻的挑战。面对新起点、新要求，摆在我面前的第一任务是为学校的全面发展寻找突破口，以点带面，激活学校发展。经过反复思考，我大胆地把“打造东北第一操”作为以特色求发展的着力点，亲自动手，组织策划，亲临现场，精雕细琢。经过一年的努力，学校打造了“大连第一操”，一年半后，成就了“辽宁第一操”，三年的时间，成就了“东北第一操”。各级领导、各地考察团接踵而至，一时间西岗中学声名鹊起。特色品牌之路的开辟，为学校发展奠定了基础，也为干部、教师和学生在享受荣誉中找到了自信。

以质量求声誉，在全面品牌化的道路上感受教育管理带来的快乐。我是德育管理干部出身，在实践中看到了德育先导、德育首位在教育教学中的核心作用，开始着手“以德立本，以德促教，德教双修，全面建设办学品牌”的工作思路探索和实践。在学校管理中全面落实教师、学生、家长地位，让教师成为专业发展的主动者，让学生成为课堂学习和自我教育的主人，让家长成为学生教育的生力军，以此为依托，全面打造质量品牌。到 2004 年，西岗中学的重点高中入围率已经高达 70%，走到了全市前一、二的位置，与之同步的，是德智体美劳和科技、艺术教育的百花齐放、百家争鸣。

这个阶段的历练，我也由一名优秀教师、优秀班主任逐步成长为一名合格的干部、优秀的干部。在此期间，曾先后荣获“区青年教师教学标兵”“区优秀教师”“区优秀团干部”“区 211 工程优秀教导主任”“大连市骨干教师”“大连市德育工作先进个人”“大连市科研工作先进个人”等称号。体验就是经验，这些较为丰富的经历，都为我后来的发展奠定了坚实的基础，使我在工作中多了一份自信和果敢。

平心而论，我是一个能够学习反思的人，在与西岗中学几任校长的相处中，我学到了他们公平公正的管理胸怀、以人为本的管理情感、关注细节的管理方法、追求完美的管理境界。我折服于其中，并学到了与他们和谐共生之道，学会了换位思考和理解宽容，懂得了工作不仅仅是去布置任务，更要站在各种角度去思考操作中的困难及解决方法。与教师的研讨中我真实地接触了教学，习得了方法也发现了问题，老师们用行动告诉我：教学管理的所有灵感取自教师、取自课堂。正所谓“尺有所短，寸有所长”，虚心学习，欣赏他人，是我成长的法宝。我是一个善于走近教师的人，当老师们加班时，我愿意陪伴，这让我有机会感受老师们的可爱与可敬；当各部门工作紧张时，我愿意分享大家的忙碌。正是这一次次的参与，使我贴近了老师，增强了交流，加强了合作。这种把自己放在服务于大家的角色定位，才真正实现了自身的价值，赢得了大家的信任。

大连市第七十一中学（2007—2014 年）：领航的平台 起舞的空间

2007 年 10 月，通过全区竞聘，我踏上了大连市第七十一中学这艘航船，开始了教育生涯中的初次领航。这是一所在全区多年相对薄弱的学校，待船只驶出港湾，方知航程的艰难，风大浪高，船体破损，动力不足，水手疲乏。天生不认输的我，在客观现实面前积极调整心态，变不利为有利，变压力为动力，号召全船人员，振奋精神，齐心协力，修旧补漏，高扬风帆。从教师队伍建设入手，倡导“精益求精，追求卓越”的工作作风，为干部教师制定发展规划，带领干部教师深入开展教育教学研究，不断提高师资队伍的整体素质，紧紧抓住西岗区全力推进小班化教育的良好契机，乘势而上，大胆尝试小班化教学改革试点。

明确思路，整体规划，整体架构。实践研究初期，就确立了“高起点、强联手、重科研、造氛围、实探究、勤反思”的实施策略，围绕“重点在课堂、难点在课程、关键在教师、途径在科研”这一主线，切实加强对小班化教学的领导，创设各种载体，大力推进面向“每一个”的教学实践，整体规划，立体架构，建立起全覆盖逐点透析式管理模式。构建从校长到学生的层级管理体系，涵盖时、空、人三元素，逐点进行观察诊断，逐项解决发现的问题，力求在人员管理上不出遗漏。并且在原有基础上，修订和完善了 17 项学校教育教学管理规章制度，监控制度落实，形成运转机制，其精神内核是逐点优化管理细节，构建精细化管理体系。

回归本源，聚焦课堂，实现对课堂教学策略的领导。我深知，没有课堂教学行为的改变，就不可能有小班化课堂目标的真正实现。于是，带领全校教师，努力打造高效课堂，提出了“20+20”精细化高效课堂教学模式，以学案教学、课堂前测后测、两只红笔进课堂、学生个性成长手册、知识排查表、二次批改表、三分抽测、相对质量分析、成绩预测、合作学习、灵用小白板、活用双色笔、视频切片等为载体，全面打造小班化高效课堂，努力提高教学质量，教育教学成绩已稳居中游，赢得了良好的社会声誉。

每当有人问到学校变化的最重要原因是什么，我总是坚定地说：一是几任校长留下的良好的校园文化；二是坚不可摧的团队精神。从 2008 年至今，我在每学期都提出一种价值观，并在全体教工中贯彻实施，成为每个人的共同追求，以营造优良的团队氛围。先后提出了“把过程做细，把细节做实，把小事做好”“每件事都会有一百种做法，要做就做出精品”“一个备课组就是一所学校”“一个人就是一所学校”“管理过程三个等于零：只开会不落实等于零，只布置不检查等于零，一百减一等于零”“落实，落实，再落实”“做事的三种境界——完成任务，按时完成任务，出色完成任务”“为自己鼓掌，为团队喝彩，为明天助威”“评价比要求有效，氛围比约束重要”等观点，形成教工的主流价值观，有效地规范和引领了每位教师的教育教学行为，用团队的力量，直面教学过程中的各种困难，实现了教学管理效益的最大化。

“让团队激励永远成为制胜的法宝。”这是我经常挂在嘴边的一句话。我认为：教育不是注满一桶水，而是点燃一把火。因此，各项活动的开展，一切载体的创设，都引入团队竞争的概念，一个不少地将每个学生纳入团队考核与竞赛中来，这样，学与不学，学得怎样不再单纯是个人的事情。“为团队荣誉而学”已经成为每个学生的共识。团队激励使学生变被动学习为主动学习，变单独学习为合作学习，变无奈学习为愉快学习，变个人学习为互助学习，学生的学习行为悄然发生了改变。

我始终坚持：每一个步骤都要精心，每一个环节都要精细，每一个工作都要精品，与全校教职工一起，踏平波涛，勇往直前，在浩瀚的教育之海驶出了一道清晰的航迹。今天的七十一中学，教师队伍在迅速成长，孩子们的脸上笑容璀璨，小班化教育扎实推进，教学质量稳步提高，各项活动成绩优异，社会声誉与日俱增。学校男子舞蹈、男子鼓乐队、科技、体育等品牌特色已经彰显，各年级教学质量显著提升，各项评价指标均由几年前垫底的水平，迅速跃居西岗区第一集团行列。有包括南京、北京、天津、丹东、上海及大连市 50 余所学校到校参观学习小班化经验，《人民教育》《中小学管理》《大连日报》等多家报纸刊物报道了学校的小班化教育和巨大变化。

我本人因卓有成效的工作成为大连市名校长的培养对象，所主持的《初中学生综合素质评价对学生心理的影响》省级课题如期结题，《初中小班化课堂定时限讲，教与学互动教学模式研究》市级课题及《初中小班化精细化教学管理研究》西岗区国家级课题子课题，都取得阶段性进展。同时在“双环封闭式”管理、小班化教育、科研兴校、打造办学特色等方面形成了精细化管理特点，生源状况明显好转，学校面貌焕然一新，各项活动均榜上有名，赢得了良好的社会声誉，学校先后荣获“大连市校本研修先进学校”“大连市德育工作先进学校”“大连市绿色学校”“巾帼文明先进学校”等称号，成为区域教育一颗新星。

大连市第三十七中学（2014 年至今）：蝶变的舞场 腾飞的晴空

2014 年 8 月，我调入大连市第三十七中学，这是一所老牌热点学校，曾获得区域内中考十连冠的殊荣，同时，这也是一所需要进行文化融合的学校、一所社会信誉较高但也存在若干问题的学校。怎样经营好这所学校，使它在新的形势下腾飞，成为我到任以后思考最多的问题。

整体建构理想，科学规划愿景。整体建构理想即一所学校怎样定位，如何确立愿景，怎样把学校愿景转化为教职工愿景，如何寻找发展路径，如何研究发展策略……这些看似宏观的问题其实很微观。学校的发展就像人的发展一样，主要思考“我在哪里、我要走向哪里、我怎样走向那里”的问题。

“三十七中学，是老百姓认可的。怎样发展，要好好思量啊！”三十七中学历来是老百姓首选的，它凭借较好的设施、优秀的师资和优异的教学质量，在行业内被称为优质学校。要把三十七中学建设成一所什么样的学校——是固守，还是超越，这确实是一个新任校长必须回答的问题。

不断萦绕在我心头的，是读《窗边的小豆豆》时，黑柳彻子在巴学园里那种快乐无忧的校园生活；是读《谁拿走了孩子的幸福》时，从李跃儿的真教育中体验到的那份愉悦；是读《给教师的建议》时，帕夫雷什中学里苏霍姆林斯基和孩子们之间发生的一个个爱的故事。这些学校、这样的教育，总让我怦然心动，心向往之。于是，我也有了这样的想法：也要建设这样的学校，也要建设一所能给学生带来快乐的学校！

我知道，快乐只能用快乐来影响，幸福只能用幸福来创造。因此，“学生快乐”“教师幸福”应该成为未来学校的主要元素。在相当多的学校里，学生并没有感到愉快和幸福，他们学得很苦、很累，甚至厌学。长期包围在鲜花和掌声中的优质学校，更应该实现自身的突破，让身处其中的学生感受到学习的快乐，让教师感受到工作的愉悦，让家长满意、社会认可。我的目标变得越来越清晰，那就是建设一所“学生喜欢、教师幸福、家长满意、社会认可”的理想的初中学校。

有了清晰的目标，有了具体的路径，三十七中学似乎可以前行了。问题是先打开哪条路径呢？不能眉毛胡子一把抓。于是，围绕理想学校的五个内涵因素——课程、课堂、学生、教师、管理，“主题发展、整体推进”的工作策略被确定下来。首先，学校确立了“教师发展年”，之后依次确立了“高效课堂年”“精品课程年”“学生成长年”“精细管理年”。

一定要把教师发展放在首位。我一直认为，一所对学生成长负责任的学校，首先必定要承担起教师专业发展的责任；一所能够承担起教师专业发展责任的学校，就能够成为一所对学生成长负责任的学校。践行“发展教师、成就学生、服务社会”的办学理念，应把教师发展作为第一要务。

在教师发展年里，学校设沙龙、写随笔、交反思、考课标，实行每日公开课，组织班主任论坛等，老师们投入了大量时间，付出了很多辛劳，学校的课堂悄然发生着变化，老师们的课程意识逐渐确立起来，育人的理念也有了很大改观。经过了“教师发展年”，其他的主题发展年推进得特别顺畅，且卓有成效。至2017年寒假，三个主题发展年计划顺利完成。老师们总结时，全体代表充分认可“主题发展、整体推进”的工作策略，接下来学校会更深入地挖掘主题发展的内涵。

课程创新，引导教师走入发现之旅。课程是实施素质教育的载体，是学生精神成长的营养，是学校特色和品质的具体体现。因此，在规划建设实施课程中，我始终坚持“适合学生的就是最好的”这一理念。学校的课程体系不是关起门造出来的，而是基于发现。令人欣慰的是，学科课程的建设已经通过“引桥课程、整合教材、适量练习”走向了生本化，活动课程实现了个性化，特色课程成就了学校特色。

结合前期实践，学校梳理总结出了“I LOVE U”的国际理解课程主线：“I”

即创新，innovation；“L”即劳动，labor；“O”即目标，objectives；“V”即价值观，value；“E”即情感，emotion；“U”，即“合”，unification。将“劳动、目标、价值”统一并融“合”，构成了学校“I LOVE U——我爱你”教育理念和价值追求的有机体系，既能体现出国际理解教育理念基本内核，同时能支撑起教育需求，是学校进行文化建设、课程建设、队伍建设、形象建设为主体的具有三十七中学特色的总框架、总指导、总依据。

实践中我发现：教师是课程的设计者、开发者和实施者，是学科教学的组织者和推进者，是学科学习的引领者和点拨者，是学科团队建设的主力军和自变量。一句话：教师是课程建设最活跃的元素。

如何在学校课程建设中让每一位教师都能欣然接受并有事可做？学校采用以课程成果为导向，对学校课程建设进行项目化管理，使教师工作轻松、方向明确，同时让学校课程管理者从繁忙的工作中解脱出来，降低了课程管理成本，提升了课程开发效率。

学科是学校课程变革的一个关键维度，学科建设是学校内涵发展的一个重要标志，引领教师进入学科深处，是学校发展的一个重要使命。通过研究，我带领教师进入学科深处，发现了其中的核心秘密：把学生放在学科的中央；教师是学科最活跃的元素；课堂是学科最有活力的空间；把握学科成长的“典型证据”……这是学校推进课程建设的路径。

教师正是学科建设过程中决定性的因素，教师的个体成长是学科团队建设的基础。我指导教师思考、梳理、提炼自己的教学经验，在此基础上提出自己的“教学主张”。鼓励每位教师追求自己的教育理性：做一名有见解的教师。目前，学校100%的教师提出了自己的“教学主张”，能够按照自己的“教学主张”设计一堂课、上一堂课、评一堂课，并根据自己的“教学主张”开发课程，“教学主张”真正成为撬动教师专业成长的支撑点！同时，学科团队建设是课程建设可持续发展的有力保障。学校每学期都推出一个团队精神，在这里，有智慧碰撞的平台，有华山论剑的气场，团队精神引领下的课程文化正日趋成熟。

改造，从课堂开始。三十七中学曾是西岗区第三批小班化实验点校，拥有很好的课堂改革基础，学校推动课堂改革经历了三个阶段：从“自主互助课堂”到“学习者课堂”，到今天提炼的具有三十七中学特质的“微创新——521 自主课堂”，一路行走，一路追寻，追寻属于孩子们的理想课堂。“5”，指课堂五步教学流程，即自主学习、小组合作、展示质疑、精讲点拨、反馈落实。“2”，指课堂要实现的价值追求——高效、愉悦。“1”，关注一个核心要素——学生学习的真正发生。这是学校孜孜以求的努力方向，这样的课堂才是学生喜欢的课堂。

在打造小班化愉悦高效课堂的过程中，学校牢牢抓住课前、课中、课后三大环节，明确提出“实备、精讲、勤练、细批、严考、真评”的总体要求。同时 10 余项小班化课堂策略如珍珠般镶嵌其中，串联起一堂堂精美的课堂。

我把课堂改革定位于“改造”，旨在消除教师的疑虑，让其“放心”改革。学校的课堂改革不是依靠行政推动，而是依赖自下而上的内在自觉。课堂是孩子们生命成长的舞台，是师生愉悦地共度生命历程的地方。

一员负责制管理，让管理更高效。学校高举“科学”与“民主”两面大旗，营造民主、和谐、向上的氛围，调动每一位教职工的积极性。我提出了“评价比要求有效，氛围比约束重要”的人文管理理念，将环形管理进行到底，坚持一员负责制，每个领导班子成员都有一员负责项目，各负其责，各行其是，一员负责人牵头并领导项目推进。如今的一员负责制管理日渐成熟。学校每年度都推出一个团队精神，成为教师们共同的价值取向，“坚持落实、落实、再落实”“向精细化管理要质量”“把过程做细，把细节做实，把小事做好”“让做细做实成为一种习惯并持之以恒”。

孔子说过：“其身正，不令则行。其身不正，虽令不从。”我始终坚持“管”“理”并举的理念。“管”是依法而管，管而有度；“理”是依情而理，理而有节。通过“颂善于公堂，规过于密室”的管理方法，“理”顺关系，“理”清职责，“理”和气氛。

三十七中学拥有厚重的学校文化，我继续传承学校“激励·日新”的文化品牌和“做小事，成大事，日日新，又日新”的办学理念，创造性地提出“让优秀成为习惯”的三十七中精神，学校以“特色教师培养、特色校本课程开发、特色活动创新”为主线，形成了“艺术体育教育”和“国际理解教育”两大办学特色。通过环境浸润、艺术熏陶、特长培养、艺体活动开展，艺体教育结出丰硕成果。学校先后荣获“全国百强特色学校”“辽宁省文明单位”“辽宁省科研兴校百强校”“辽宁省中小学美育研究基地”“大连市先进学校”“大连市体育卫生工作先进学校”“大连市特色目录学校”等荣誉称号。学校优质的教育教学成果赢得了良好的社会声誉。国家、省、市教育行政部门的领导多次来校参观、考察，对学校的发展给予了高度评价。

耕耘是为了收获，悬帆是为了远航。建设一所新学校是我的梦想，每个校长都用自己的方式表达着对教育的梦想和热爱，而我用无私、坚守、专业、自强等关键词，为三十七中学串联起一条通往名校的跋涉之路。《礼记·大学》中说“苟日新，又日新，日日新”，而“日日新，又日新”正是三十七中的学校精神，如果每个教师都能坚持从学生未来发展出发，时时、处处、事事关注每一个学生的一点点进步，用智慧和行动托起学校的明天和未来，努力书写属于我们自己的传奇，这正是对合理、优化、高效的三十七中学学校教育的最好诠释。鉴于此，对三十七中学的明天，我豪情满怀、信心百倍！

10余年的校长经历让我深刻认识到校长之路是艰难的，但既然选择，就不怕路远。蝴蝶的美丽来自于破茧的阵痛。在弥足珍贵的生命面前，我愿经历这份阵痛，化腐朽为神奇，化平凡为卓越。

第二篇 七十一中——创造由薄弱到优质的美丽神话

品味学校小班化教育，演绎的是育人为本的主题、跨越发展的速度，勾画的是“每个孩子都可以教好，每个生命都应该幸福”的壮美，这是它恒久不变的关注和聚焦的原点。

小班切入

薄弱校改造：从常态课不薄弱起步

辽宁大连市第七十一中学位于大连中心城区西岗区，是一所建校 40 余年的普通初级中学。近几年来，学校各项评价指标均由 3 年前全区“垫底”的水平，迅速跃居全区“第一集团”的行列，各年级教学质量显著提升，学校社会声誉明显好转。这些成绩的取得，与我们在小班化教育理念下，整体改进学校管理模式，严格常态课管理，有重要的关系。

一、立足校本，整体规划，促进学校教学管理模式的改变

2008 年 8 月，笔者从一所示范校来到大连七十一中任校长。那时，学校课堂教学质量一般，教学效果较差，具体表现在两个方面：其一，教师讲授得太多，课堂无效环节太多，低效投入太多，投入产出不成比例；其二，教与学两方面脱节，学生毫无激情，缺乏学习的积极性与主动性。面对这样的课堂教学状况，我们意识到，应该针对我校师生的特点，立足校本，采取有针对性的改进措施。

1. 分析师情、学情

近些年来，我校学生中外来务工人员子女日渐增多，借读生比例高达 80%。由于家庭教育的缺失，学习环境不理想，导致大多数学生学习基础薄弱，学习习惯较差，缺乏学习自信，在课堂学习中热情不高，被动消极，很少主动参与学习活动。

学生的这种消极状态也影响到教师的积极性，面对千启不发的教育对象、难以推进的教学任务，教师们一筹莫展，无计可施，久而久之师生关系紧张，课堂气氛极不和谐。但这所学校毕竟是建校40余年的老校，曾有过比较好的办学基础，学校文化已基本形成。教师们大多朴实，肯干，有正气。他们最大的问题在于自信心不足，缺少激情与活力，理念落后，创新不足，教学研究风气淡薄，教师日复一日、年复一年地做着机械的教书运动，投入产出不成正比。教师中学科带头人和骨干教师相对较少，难以发挥正面辐射带头作用。

2. 非常时期采取非常之举

面对这样的具体情况，我们意识到，只有重锤敲闷鼓、快刀斩乱麻，非常时期采取非常之举才能有效地解决一些问题。为此我们确定了改进思路：其一，要让学生在课堂上动起来，引入小组合作学习理念，引入团队竞争机制，学与不学再也不仅仅是个人的事情；其二，让教师从讲台上走下来，创设多种载体，帮助教师真正实现精讲多练的教学效果，让每位教师心中有目标，实践有抓手，干起来得心应手。

2008年10月，大连西岗区教育局开始推进小班化建设实验。学校敏感地意识到，这是一次难得的提升学校教育教学水平的机会。为此，我们积极申请，成为西岗区第一批小班化教育实验点校，我们期望借助小班化教育的研究，推进课堂教学改革。

3. 建立新型管理模式

进行小班化教育实验初期，我们切实领会小班化教育精神，尽管学校处于薄弱状态，但我们还是确立了“高起点、强联手、重科研、造氛围、实探究、勤反思”的实施策略，围绕“重在课堂、难在课程、关键在教师、途径靠科研”这一主线，整体规划，立体架构，建立起全覆盖逐点透析式管理模式。

此模式的内涵包括三方面。一是时间管理全覆盖：立足每一届学生3年发展周期的总目标，对学生每天、每周、每月、每学期、每学年度的活动，都进行整体规划，力求时间管理无死角。二是空间管理全覆盖：基于学校发展愿景和阶段目标，针对学校、家庭、社会三元生活空间，采取相应举措，力求空间管理无盲点。三是校内人员管理全覆盖：构建从校长到学生的全体人员管理体系。

4. 完善教学管理制度

在这种涵盖时、空、人三元素的管理模式指导下，我们对学校管理流程逐点进行观察诊断，逐项解决发现的问题，修订和完善了 17 项与学校教育教学相关的规章制度，如《2020 课堂教学模式管理细则》《两支红笔进课堂管理制度》《学案导学精细化管理制度》《教师二次批改管理细则》《晨练三部曲管理细则》《“日日清”教学管理细则》《知识排查管理办法》等，监控制度落实，形成运转机制，其精神内核就是逐点优化管理细节，构建精细化管理体系。

二、回归本源，聚焦课堂，促进师生教与学的改变

在打造高效课堂、严格常态课管理的过程中，我们牢牢抓住课前、课中、课后三大环节，明确提出“实备、精讲、勤练、细批、严考、真评”的总体要求，认真检查各要点的实施情况，努力消除教学常规管理死角。

1. 尝试前测，推进学案，做实课前备课

没有充分预设的课堂是盲目的，是随波逐流的，必然也是低效甚至无效的。要想提高每堂课的授课实效，充分的课前准备是必不可少的前提和保障。教学是让学生在学会的基础上会学。因此，学校要求教师备课必须严守以下几点：

（1）备课要备规律与重点

学校要求教师备课时，教学重点与难点要少而精，研究学生在学习过程中的困难，抓住一点，提炼规律，一练到底。学校检查落实备课关注点——任务是否唯一、重点是否突出。学校各备课组集中精力排查中考知识点，将考点落实到每一节课的每一个题型、每一道题目中，配题练透，直击中考。同时在教师中分阶段、分层次地开展“过三关”活动，要求教师关注课堂教学的宽度和

广度，做到课堂教学点面结合。

（2）备课要备前测题目

具体做法是，教师根据教学内容的难易程度以及对学生学习经验的判断，在课前对前测题目做好设计，严格控制题目数量，在课前或课初实施检测，快速批改后决定当堂课内容的取舍：对 80% 以上学生已会的知识，教师完全可以不讲，直接进入预设的其他环节，20% 以下学生的问题可通过课堂或课后个别辅导完成。这一调整必须基于课堂前测的准确性。

（3）备课要备课堂学案

我们通过观课和成绩分析发现，课堂上存在两种致命现象：一是提问缺少实效性。教师发问，学生集体作答，几个人的思维代替全班思维，课堂表面的繁荣掩盖了大部分学生中存在的真实问题。二是练习不求甚解。教师将练习题以课件形式出示，题目闪过，答案说过，但难点、重点问题并没有解决。为此，学校明确要求将学案设计作为教师必须准备也是重点准备的内容，同时也为“20+20”课堂模式的贯彻提供了物质保障。教师使用一张 8 开的小小的学案纸，一举五得：明确本课主攻方向，提供当堂批改的载体，提供纠错的依据，为学生留下学习痕迹，同时巧妙地将部分课后作业悄悄地前移。

我校学生家庭教育极度缺失，在对课堂作业、课下作业、家庭作业进行比较后我们发现，学生课堂练习或作业的效果是最好的，这更坚定了我们抓实课堂学案的决心，现在使用课堂学案已成为我校教师的教学习惯，成为我校课堂教学的一个特点。

2. 加强课堂教学研究，实现常态课教学效果最大化

（1）构建 2020 课堂教学模式

所谓 2020 课堂教学模式并不是严格意义上的讲练各占 20 分钟，而是控制讲课时间的广义限定，教师可以根据不同学科、不同课型的需要，实行“25+15”“10+30”，甚至“5+35”等。

20 分钟的讲课时间更多的是一种提醒，提醒老师们挑精要的讲，抓学生

“愤”“悱”之处讲。这种硬性规定教师讲授时间的做法，看起来不符合教学规律，我们也是一路强势推进顶着压力走过来的，但是，非常时期的非常之举，让我们在今天尝到了甜头：各年级已经彻底或基本摆脱全区末位状态，部分学科还跻身全区中游甚至前三的位置。

当我们度过这段转型期后，还得打破“定时限讲”的机械限制，给个范围即可。“定时”定多少，“限讲”限多少，由教师根据具体的学科内容而定，如此，课堂才会彰显出灵性，才会体现艺术性和生命力。

（2）优化“两只红笔进课堂”批改反馈模式

所谓“两只红笔”，是指教师一支红笔，学生一支红笔。

首先是教师一支红笔进课堂。我们的做法是，在每堂课 20 分钟练习时，教师现场批阅，在保证批阅质量的基础上，批得越多越好、越快越好，这样能够及时发现问题，及时指导学生改正。它的显性作用在于即时反馈，逼着教师离开讲桌，走进学生中间，及时检讨前 20 分钟的授课情况。它的隐性作用有两个，一是通过批阅创设载体，督促学生在课堂上及时思考，提高当堂习得和记忆实效，提高课堂教学效率；二是通过批阅发现问题，让教师及时调整讲授的深度和广度，从而保证课堂大面积学生受益。许多教师在反思中深有感触地说，通过批阅，让我看到有些内容真的可以不讲或少讲。

其次是学生一支红笔进教室。我们要求学生，无论是作业本、试卷，还是导航本、各种练习册，特别是课堂学案，只要出现错误，就必须用红笔改正。学校不允许教师直接指出或标明学生错在哪一步，要让学生自己查找，并详细改正。醒目的红色便于复习时查找错误，再次识记，印象深刻。小红笔真的可以做出大文章。

（3）让“小白板”成为小组合作学习的有效载体

已往课堂上通常存在的问题是，少数学生代替多数学生的思维，大多数学生的意见很难得到清晰的表达。我们苦苦思索，尝试了多种手段，最后将“小白板”引进课堂。“小白板”尺寸不大，收放便捷，书写容易，涂改方便，在需要小组合作学习时，每个学生都可以将自己的理解写到白板上，同学之间展开思维交锋，形成一个或几个结论，交由授课教师批阅，完成合作学习任务。它可以还原学生的认知过程，追溯思维脉络，就像显示器一样，在合作学习中发挥着积极的作用。“小白板”集展示、交流、评价于一体，成为小组合作的有效载体。

3. 做细“知识排查”和“二次批改”，确保“日日清”

“知识排查表”到期末复习和初三备考阶段，可以发挥巨大的作用。每个学期末学生陆续进入复习阶段时，教师对学生的知识排查也要随即跟上，以确保“日日清”。“二次批改表”虽然是学校统一下发的，但我们提倡教师创造性地使用此表，有自己的标识、记号，不需要整齐划一，只求实用方便，每天随身携带，随口点出。“两表”现已成为教师每天离校前跟学生说话、“较真”的依据，能切实帮助教师完成“日日清”任务。

4. 加强教学视频切片研究，促进教师专业成长

我们坚持定期为每位教师录制日常课堂教学实况，按教学环节将每节课分成若干切片，第一时间交给教师。中层以上干部按学科分工，与教师一起，逐帧进行切片回放，开展深度解剖，定格诊断，查摆问题。教师在规定时间内形成翔实的个人教学反思，对课堂教学存在的问题制定改进办法，学校组织专家团队进行问题跟踪，帮助教师不断调整和改进教学。

三、关注个体，团队激励，促进学生学习行为的改变

1. 让关注个体真正落到实处

没有关注就没有教育。小班化教育使教学过程中每个学生受关注的时间、频度都得到大幅提高，特别是大班条件下难以展开的对学困生的关注，在小班化教学中可以迎刃而解。我们提出“以学困生掌握程度为检测起点，不让一个学生掉队”“不比起点比进步，不比智力比努力”。将教师每节课的跟踪目标紧紧锁定在学困生身上，包括备课中对学困生的预设，授课中对学困生的提问，

作业布置时对学困生的重点关注等。同时，我们规定：教师对学困生的作业必须面批面改；个别辅导批改能解决的，绝不大面积进行；批改环节做到讲必练，练必批，批必评，评必纠，纠必查，查必改。

2. 让团队激励永远成为制胜法宝

我校在各项活动的开展以及一切载体的创设中都引入团队竞争的概念。比如：我们设计的三分抽测、晨诵展示、晨练三部曲、行为点评台、小班化成长手册、学案展评比赛等，都将每一个个体纳入团队考核与竞赛中来，学生学与不学、学得怎样再也不单纯是个人的事情了。“为团队而战”已经成为七十一中响亮的口号。团队激励使学生变被动学习为主动学习，变单独学习为合作学习，变无奈学习为愉快学习，变个人学习为团队互助，学习行为悄然发生了彻底的改变。

“坚持自己的，才是最好的。”其实我们的做法与兄弟学校大同小异，只是我们在任务落实上抓得更实。我们的态度是：每一个步骤都要精心，每一个环节都要精细，每一项工作都要做成精品。对于常态课教学管理而言，操作层面的持之以恒最为重要。

探索小班教育实践，走出学校发展低谷

随着旧城区的改造，西岗区学生人数在逐渐减少，2008年许多学校已经成为形式上的小班化学校。西岗区区委、区政府因势利导提出年内要有40%学校实行小班化教学。教育局迅速行动，在全市率先提出加强“小班化”教育研究，成立了小班化研究推进中心，开始进行扎实有效的小班化教学研究，并将我校列入首批“小班化”教学实验点校，这为我校提供了难得的机遇。全校上下迅速行动，潜心研究小班教育理论和各地经验，积极开展教学实践，形成了教育探索和研究的良好局面。

回首近两年小班化探究实践之路，最大的感触就是：教师发展了，学生进步了，整个学校真正受益了。让每个学生都能充分享受现有的教育资源，都能得到教师的关爱，让每个学生都能得到充分、平等的教育在我校已逐渐变成了现实。各年级教学质量显著提升，各项评价指标均由当初几乎垫底的水平，迅速跃居全区中上游。在省、市、区举办的各种教学、体育、艺术、科技活动中，学校组织师生积极参与，先后有102人次获得高层级奖项，并获26项荣誉称号，学校被评为“大连市校本研修先进校”。学校用近两年的时间，走出了教育质量多年落后的困境。

在此，将我校小班化实验推进情况向各位领导做一汇报。

一、“小班化”教育思想的形成

2008年初，我校作为西岗区第一批“小班化”教学实验点校，抢抓机遇，迅速行动，积极参与。实验初期学校就确立了“高起点、强联手、重科研、造

氛围、实探究、勤反思”的实施策略，围绕“重在课堂、难在课程、关键在教师、途径靠科研”这一主线，切实领会小班教育精神，踏实推进小班教育实践。实践中我们时刻把握多元化、个别化、适性化的小班化教育精神，创设一切载体实现面向“每一个”的教育，即包括面向每一个的全纳性教育、激活每一个的活动性教育、适应每一个的个别化教育。正是在这一理念的支撑下，我校小班化的“20+20 课堂模式”“两支红笔进课堂”“课堂前测与后测”“学案导学”“二次批改”“知识点排查”“晨读抽测”“三分抽测”“成绩预估”“作业反馈条”“相对成绩分析”才因此诞生，这些做法为学生提供了 100% 的课堂发言率，创设了 100% 的展示机会，同时通过每位教师对学生 100% 的真诚激励，从而使每一个学生得到 100% 的收获。“百分百”理念真正让我校的学生受益，小班化教育真正实现了让每一位学生都进步的办学理念。

二、“小班化”教学模式及教学方法

1. 尝试前测，改进备课，学案助学

备课要备前测题目。学校明确提出，备课要备前测题目。具体做法是：充分运用小班优势，教师可根据不同的内容设计前测题目，然后对当堂授课内容进行取舍，对 80% 以上学生已会的知识，教师直接进入预设的其他环节，20% 以下学生的问题可通过课堂或课后一对一的个别辅导完成，而这一调整必须基于课堂前测的准确性。

备课要备课堂学案。在小班教育推进过程中，我们发现课堂上全班问答及课件展示形式不能做到真正关注到每一个学生。为此，学校提出设置课堂学案，换位思考，变教为学，以学案导学、助练，真正体现为学生服务的理念。一张 8 开纸的学案，规范了教师每节课的主攻方向，为教师提供当堂批改的载体，给教师提供纠错的依据，为学生留下学习的痕迹，给小组互助合作提供了展示的平台。一张学案纸可谓一举五得，为解决小组评价影响教学实效的问题找到了很好的抓手。

2. 改进备课，优化教法，面向全体

把握小班与大班教学最大的区别就是要着眼个性化教学。进行个性化的教必须建立在真正了解学生，实现个性化备课的基础上。我校实行的是二次备课，三次定案制度。备课组统一进行电子备课确认后，由主备人提供人手一份的电子教案，在此基础上进行二次个性化备课，根据本班学生个性化情况用红笔进行适当调整和修改，学校每天下午四点钟进行教案抽查，问题教案再进行三次定稿。备课时既要备共性的需求，又要满足个性的需要，还要备教学组织的空间形式，即课堂教学过程中，师生互动的空间位置，包括学生的座位形式、小组活动方式、教师教学活动轨迹及巡视路线等。关注个体是小班化的核心理念，因此教师教法的确立、媒体的选择、时空的安排，都必须体现这一理念。随即全校上下统一行动将评课的着眼点迅速转向是否面向全体，是否做到四个百分百，即百分百发言、展示、交流、评价，是否留有盲区或盲点，是否留有教学死角。

3. 定时限讲，师生互动，讲练结合

这一做法的载体是"20+20"课堂教学模式。所谓"20+20"，并非讲、练各占20分钟，只是一种课堂教学策略，即针对不同学科、不同课型、不同班级可采取灵活的授课模式：如实行"25+15""10+30"等。但"讲"与"练"这两个环节，不可一方取代另一方。限定20分钟的讲课时间更多时候是一种提醒，提醒老师们挑精要的讲，抓学生"愤""悱"之处讲。这一课堂教学模式的尝试，使教师挤掉了课堂中多余和无效的环节，给学生省出了大量的练习时间，便于学生实现百分百的交流与展示，便于教师为每个学生提供及时的学习援助，也便于学生进行自主合作学习。这已经成为我校小班化环境下独有的课堂模式。

4. 红笔随身，随练即批，批改同步

首先是教师一支红笔进课堂。我们的做法是，课堂教学中，教师现场批阅，批阅人数和批阅形式根据时间及授课内容而定，在保证批阅质量的基础上，批阅的覆盖面越广越好，随练随批，及时指导学生改正，教师的“批”与学生的“改”同步进行。这种做法，督促教师走到学生中间，关注每一个人，审视前20分钟的授课情况；督促学生课堂上及时练习，提高当堂习得和记忆效果；便于教师及时调整讲授的深度和广度，提高课堂教学实效。小班化独有的优势为教师能够真正关注到每一个学生提供了可能。

其次是学生一支红笔进教室。我们要求学生，所有练习，只要出现错误，必须用红笔修改，教师不可以直接给学生指出或标明错在哪一步，学生自己查找，详细改正，教师做最后的验收，使每一个学生养成了良好的修改问题习惯。

我们还将文章做在二次批改上，采用的载体是二次批改反馈表。提倡教师创造性地使用此表，不求整齐划一，只求实用方便，教师根据实际情况关注每一名学生的知识掌握情况。到今天，它已成为每天离校前教师对学生检查是否过关的重要依据，也成为实现每个学生知识学习日日清的最有效工具。每天放学前，我们都会看到一个教室几位教师同时对不同的学生进行二次过关的情景。

5. 抓学困生，关注后进，促其改变

小班教育是真正实现因材施教的有效形式。由于班级人数减少，教学过程中每个学生受关注的时间、频度都得到了相应的提高，大班条件下难以展开的对学困生的关注，在小班教学中可以很好地做到。根据我区区域办学理念“让每一个孩子都进步”，我校适时提出了“不放不弃，让每一个孩子都进步”的办学宗旨，将每节课的跟踪目标紧紧锁定学困生，包括备课中对学困生的设计，授课中对学困生的提问，作业布置时对学困生的兼顾。同时，也将关注延续到课堂之外。在批改辅导方面，我校做出三项规定：一是必须做到一对一的面批面改；二是个别辅导批改能解决问题的，绝不大面积展开；三是做到讲必练，练必批，批必评，评必纠，纠必查，查必改。通过这样的一些举措，关注每一位学生在我校已不是一句空话。

三、教师队伍和教育效果的变化

1. 小班教育为教师专业发展搭建了宽阔的舞台

在小班教育探索的过程中，广大教师由观望到尝试，由尝试到跟进，由跟进到自觉研究，以小班化课题牵动的校本研修轰轰烈烈地展开，汇聚群体智慧，彰显个体优势，极大地激活了教师队伍的活力。目前，我校被评为大连市第二批校本研修先进校。在西岗区“希望杯”大赛上，我校教师荣获团体总分第四名。在我区“风采杯”大赛上，高级教师团队一举夺得区团体总分第一名。政治教师李延莉和英语教师马英英经过层层角逐，取得东北三省四市教学大赛优异成绩。在全区名优教师评选过程中，我校5名教师被评为区学科带头人，1人被评为“仁爱之师”（中学仅3人）。区专家组成员每月1次的下校指导，各教研员的跟踪点评以及“小班化”研究中心的多次现场诊断，为教师带来了鲜活的案例和先进理念的冲击。过去的1学期里，我校先后有18名教师参加市区级经验交流、做课、汇报。小班化教学沙龙活动中，教师们争相发言，各抒己见；在外出学习归来时，教师们畅谈收获和感悟，激动不已；教师间跨学科听课，同组间推门听课已经成为一种常态。教师们身上发生的这些真真切切的变化，正是小班教育展示的魅力。

2. 小班教育为学生自主发展提供了广阔的空间

小班教育给了每个学生施展的空间和表现的机会，让学生树立了自信，进而积极投身学校开展的各项科技、体育、艺术活动，取得了不俗的成绩。过去的一年，我们在科技方面，共荣获全国、省科技创新大赛一二三等奖11项；获得国家科技专利、个人实用新型专利15项。在体育方面，荣获大连市踢毽团体冠军、西岗区体育日花样跳绳团体总分第1名。在艺术方面，舞蹈《和谐鼓韵》先后荣获西岗区和大连市舞蹈大赛金奖，并入选大连市改革开放30年大型文艺会演，合唱队荣获西岗区二等奖，学校被评为西岗区研究性学习先进学校。

3. 小班教育给学校持续发展带来了蓬勃的生机

小班教育提高了师生交往互动的频率，融洽了师生关系，密切了师生感情，营造了和谐的教育氛围，师生的精神面貌发生了巨大变化。学生自主会、学生文明提示员让生生间互信教育成为现实；“20项荣耻观”教育、每日道德点评台等形式让学生们明确是非，分辨荣辱；全员参与的领操员评比活动真正彰显了小班教育的优势；“五小”活动展示让学生切身体会到周一升旗台是每个七十一中人的舞台；伴着清晨明媚的阳光，“晨练三部曲”回荡在校园上空，成为周边百姓驻足观看的一道风景；《学生个性成长手册》、学习互助小组，以动态的管理、多元的评价而使小班教育变得轻松高效。我校小班化教育成果多次在报纸和电视中宣传，小班化经验区级交流7次，市级交流3次。2008年，学校成功举办了西岗区小班化现场会和西岗区高效课堂现场会；2009年10月28日，学校又成功地承办了大连市初中正职校长培训会，以“改变，可以这样开始……”为话题的校长及教师访谈得到了与会200余名校长的好评；2009年10月29日、30日，学校承担了大连西岗·南京小班化课堂教学研讨活动，活动取得了很好的效果。

四、小班教育实践的经验及思考

第一，人数的多少，只是区分大班和小班的一种前提，一种表象和形式，而课堂上的教学行为是否以学生的个性发展为目标、师生之间是否真正平等、每一位学生是否受到了关注才是辨别小班化和大班化的本质特征。

第二，小班教育必须以学生发展为主，通过教育使每个学生都能获得他们终身发展所需要的技能、知识以及足够的自信和精神力量，使学生合作、会学、谦让、感恩。

第三，小班教育必须牢牢地抓住“重在课堂、难在课程、关键在教师、途径靠科研”这一主线。加强科研兴校，认真开展小班教育条件下学校发展研究，关注学困生的成长和进步，改进和完善影响小班教育的评价、评比、激励机制。

第四，应加强教学"预设"，并关注教师预设下的生成教学。小班教育的确对教师们是一种挑战，由于学生存在个性差异，教师要在单位时间内完成同一教学任务，势必要求教学预设要具有层次性，以满足不同层次学生的多样化学习方式。同时要求我们的教学预设要有弹性，针对具体的学习内容，选择灵活多样的学习方式。教师在实施生成时不拘泥于预设并能智慧地处理好预设与生成的关系，才能真正达到小班教育的目标要求。这一切对教师提出了更高的要求,而对我们来说,教师的专业发展必须予以高度重视,校本研修任重而道远。

以上是我校一年来推进小班教育过程中的点滴做法和切身感受，由于处在"摸石头过河"的状态，其中的观点和做法难免有不当之处，还请指正。应该说，我们是小班教育实践的受益者，相信通过小班教育的纵深推进，我们的教学应该会发生进一步的变化，束缚我校教学质量、影响我校进一步发展的难题一定会得到破解。我们也将更加清醒和理智地研究我校的教育教学管理，以全方位的努力，走出我校发展的低谷。

实施策略

发挥大平台优势，助推小班化发展

——大连市第七十一中学创建小班化课堂“大平台教学策略”教育特色的探索与实践

大连市第七十一中学是一所建校40余年的普通初级中学。现有教师81人，班级20个，学生610人，其中外来务工子女比例高达86%，学生基础薄弱，家庭教育缺失。学校经过近5年的小班化实践探索，依托小班化大平台，完善发展大思路，谋求一流大跨越，创新设计了17项教与学策略，课堂教学发生了一系列根本性的变化，成绩的取得与学校潜心研究高效课堂教学策略，科学实施课堂转型有着重要的关系。

一、学校特色建设与发展的基本定位

课堂，学校发展永远的阵地，学校理应沉浸课堂。一所学校，应专注于回归本源，聚焦课堂的探索，专注于课堂转型路上原创因子的研发。乐为课堂“做小事”，才能成就学校“大发展”。基于这样的认识，2008年，学校将目光聚焦于课堂这一学校发展的核心，将学校特色定位于大平台教学策略，研究教学、研究学生、研究课堂，深入而细致地关注与课堂教学相关的各个环节的落实，并原创出一系列与之协同生效的课堂教学策略，使课堂教与学有了实实在在的抓手，从源头上保证了学校整体工作的稳步推进。

所谓教学大平台教学策略，是指基于现代信息技术的大平台、大数据理念，

迁移到小班化课堂教学，创新实用课堂教学策略，集合多元教学方法等资源，构建小班化条件下课堂教学策略资源的大平台。根据不同学生、学科、课型、教材内容、教师风格以及教学目标等，灵活组合成教学方式组，运用于教与学的过程之中，实现小班化高效课堂教学的最佳解决方案。教学平台策略具有集约型、发展性、个别化、定向性、组合性、集合性等特征。

创新课堂教学策略是将课堂教学实践中生成的行之有效的方法进行梳理、归类、提炼，使之成为理性的有序的可操作的经验及办法。目前这一平台的初步架构是：建立起覆盖课前、课中、课后三大环节的全覆盖逐点互动式运行模式，创新了“八环助学法”和 17 项行之有效的系列小班化课堂教学策略，如“2020 课堂模式”、课堂前后测、两支红笔进课堂、丽娜小白板、学习指导案、即时评价、视频切片反思、全员参与式小结、限时“四小”、活页夹与双色笔，等等。意在改变教学组织文化，提倡用合作、分享的方式去学习，为“教”与“学”提供实实在在的方法论支持。

二、学校特色建设与发展的基本做法

在实施小班化高效课堂的过程中，明确提出“实备、精讲、勤练、细批、严考、真评”的总体要求，全面开展小班化课堂的“大平台教学策略”教育特色的实践。

1. 做实课前，奠定小班化高效课堂基础

没有充分预设的课堂是盲目的，必然也是低效甚至无效的。高效课堂的前提是充分的课前准备。

备规律与重点。预设课堂困难，明确本课学习任务，重点与难点少而精，不求面面俱到，但求抓住一点，提炼规律；不求环节完整，但求一课一得，一练到底。

备前测题目。备课时对前测题目做好设计，课初实施检测，快速批阅后决定当堂授课内容如何取舍，重点关注 80% 以上学生不会的知识，对两端的

20% 的学生进行重点习练。

备课堂学案。设置课堂学案，以学案导学助练，约束教师明确本课主攻方向，为教师提供当堂批改的载体，给教师提供纠错的依据，为学生留下学习痕迹，学案将部分课后作业悄悄前移，可谓一举五得。

备后测题目。建立每节课的检测题库，下课前 5 分钟组织实施，检测结果当日反馈。课堂后测以结果回溯过程，真实的数字可以真正促进教师自我反思。

2. 做精课中，实现课堂教学功效最大化

学校通过几年的实践，总结出“八环助学法”，即前测—汇总—点拨—合作—反馈—巩固—小结—后测。17 项小班化课堂策略如珍珠般镶嵌其中，串联起一堂堂精美的课堂。下面仅以其中的五个策略为例做以说明：

构建“2020”课堂教学模式。在不同班级、学科和课型上，对课堂教学的前后两个 20 分钟进行合理调控，要求教师定时限讲，给学生充足的练习时间。

优化“两只红笔进课堂”。一是教师红笔进课堂。练习中，教师现场用红笔批阅，及时指导学生改正。二是学生红笔进课堂。学生只要出现错误，必须用红笔修改，同时作为小先生协助教师批阅。

将“小白板”引进课堂。在小组合作学习时，同学之间展开思维交锋，小白板成为多个结论时的显示器。“小白板”集展示、交流、评价于一体，成为小组合作的有效载体。

加强“即时评价”。“即时评价”成为“异质分组、同质分组”合作学习的助推器。

“限时四小”提速增效。“限时四小”指教师在授课过程中，对课堂四个主体模块进行限时操作，即“限时小测试”“限时小先生”“限时小白板”和“限时全员小结”。

3. 做细课后，将“关注每一个”真正做到实处

用好“知识排查”和“二次批改”表。“两表”是进行一对一辅导帮助学生完成“日日清”任务的必备工具。

开放“三同三异”课堂。“三同三异”课堂是指“同课异构”“同班异课”“同人异时”。学校每日坚持开放“三同三异”课堂，校领导及专家组成员全程跟踪，配以课堂观察，当日反馈，及时整改。

坚持视频切片研究。学校坚持定期为每位教师录制课堂教学实况，按教学环节将每节课分成若干切片。中层以上干部按学科分工，与教师一起，逐帧进行切片回放，开展深度解剖，定格诊断，查摆问题。

坚持三个每日必做和科学管理辅导环节。每日必做指每日必听、每日必督、每日必测；科学管理辅导环节指科学管理辅导时间和辅导对象。

三、学校特色建设与发展的初步成效

回眸 3 年小班化教育，学校把握小班化课堂教学运行规律，在小班化大舞台上舒袖领舞，摆脱困境，趟过泥潭。课堂与学生，是小班化教育经久不变的关注。三尺讲台，因师爱而美好；一方天地，因生命成长而灵动。品味学校小班化教育，演绎的是育人为本的主题、跨越发展的速度，勾画的是“每个孩子都可以教好，每个生命都应该幸福”的壮美，这是它恒久的关注和聚焦的原点。

如今，书写在孩子脸上的是阳光、自信；荡漾在心中的是愉悦、幸福。课堂内外、校园上下无不回荡着朗朗的诵读声、合作的欢笑声、小先生的赞美声、小白板的书写声。如外来务工子女周游同学，已由入校时的自卑、消极成长为一名开朗、自信的女孩，不仅学业成绩优异，而且综合素质明显提升。

学校先后被评为“大连市校本研修先进学校”“大连市德育工作先进学校”；各项评估指标均由 5 年前“垫底”的水平，迅速跃居区中游水平，教学质量显著提升，全国各地前来考察学习者络绎不绝，特色项目影响力日益彰显，社会声誉明显好转。

在今后的研究之路上，学校继续把“以学生为中心”作为变革的原点，把聚焦课堂作为研究的核心，不断完善课堂教学资源平台的内容，让学生在“学而有助”“学而有乐”中“学而有得”，这将是实现高效课堂不断超越、发展与创新的永恒追求。

创新教育载体，营造绿色文化

作为我区小班化教育最早的试点学校之一，七十一中紧紧围绕西岗区小班化推进中心科研课题，潜心研究小班化特色文化，以“关注师生生命质量，绽放师生个性光彩”为取向，构建三大绿色教育生态环境——绿色的班级多元文化、绿色的家校融合文化、绿色的师生情谊文化，开展了一系列扎实有效的工作，并在一年多的实践探索中，取得了良好的成效。

一、精心设计，构建绿色的班级多元文化

1. 功能区的划分让学生享受家庭的温馨

走入每间教室，映入眼帘的是按功能自然划分的两部分，即生活区与学习区。生活区设置在教室的后半部分，它将学生个性展示壁——回音壁及清洁柜、读书角等巧妙地组合在一起，设计合理，整洁实用。小生活柜给孩子们提供了极大的便利，书包、衣物及字典、参考书、文件夹、午睡抱枕等日用品可全部放置其中，便于学生随时取放；小课桌的轻便实用为小班化教育多样摆放形式提供了便利，为不同科目、不同课型的授课模式创设了良好的多元文化氛围。

2. 图书角的设置让学生享受读书的乐趣

一年前，我校启动了营造书香校园的活动，随着本学期生活区图书角的正式设置，我校学生的读书热情被再次点燃。同学们纷纷主动把家里图书带到学校充实书柜，更有学生用节省下来的零花钱买报纸、杂志，供全班阅读。各班还多次举办了“阅读，从我做起”的主题班会，学生们对读什么样的书、怎样读书及如何爱护书籍都有了深刻认识，一时间，学生们读书蔚然成风。清晨的

操场上，同学们席地而坐，书声朗朗；课间的走廊上，同学们款款而行，指点篇章；午间的教室里，同学们凝神静气，伏案品读；放学后的路上，同学们三五成群，交流感想……

读书让学生们谈吐文明，举止优雅，这正是我们着力营造浓郁的文化氛围，打造书香校园的目的所在。

3.“回音壁”的运用让师生感受彼此的真诚

由五个色彩鲜亮的板块组成的“回音壁”在各班刚一露面，立即受到学生们的欢迎，仅仅一天时间，学生们就自己动手，精心设计、布置了诸如“课堂风采展”“我的青春我做主”“才艺比拼”“实事要闻”“自觉自律”“考场逐鹿”“妙笔生花”“每周一星”“英语漫步”“鉴文赏析”等富有个性的多种特色栏目。“pk 对手榜”“每日星光”等小栏目的设计让“回音壁”成为小组及个人评价的载体；“芳草菲菲”“知识长廊”的独具匠心让“回音壁”成为班级文化交流的平台；“擂台对阵”“奇思妙想”的一招一式让“回音壁”成为师生“教”与“学”互动的论坛。课间，学生们时而在“回音壁”前议论纷纷、谈笑风生，时而为了擂台上的一道闯关题目争得面红耳赤。教师们也常常参与其中，与同学们一起，互相出题、竞猜、讨论、交流，消除了师生之间的距离，让同学们倍感其乐无穷。学校定期对“回音壁”的版面设计、利用效率、交流内容及更换频率等进行检查评比，设置了班级文化建设奖励基金，极大地调动了师生的积极性，“回音壁”逐渐成为学生们的最爱。

二、创新载体，形成绿色的家校融合文化

我们以《小班化学生个性成长手册》为载体，努力形成家校合力。在成长手册中，我们设定“我问我自己”“我督我学习”两个专栏。抓住学生行为习惯 10 个主要方面，确立 10 个每天必答问题，如今天你锻炼身体了吗？今天你的三分抽测通过了吗？今天你参与小组合作了吗……引导学生自我反思，自我评价，培养学生的良好习惯；设立每天各科学习成绩栏，包括作业、小测试等

体现学生在校学习情况，设立学生自评、小组互评、教师评价和家长评价栏目，为学生、教师、家长提供直观的学情信息，引导家长参与学校的教育管理。学校每周一次全面检查手册使用情况，举办手册交流展，引导教师正确使用手册，形成了“星级评价”“最优评价”“进步点评价”“周冠军、月冠军评价”等独具特色的评价方式，让家长看到孩子每天在学校所获得的巨大进步，感受学校教育的魅力，深刻体会教师的奉献与爱心。

目前，我校的《小班化学生个性成长手册》已成为密切家校联系的牢固纽带；成为家长了解学生在校学习、成长状况的窗口；成为教师度量学生成长进步的精确标尺；成为学生自我评价、主动提高和自主发展的动力引擎；成为每个教职员工展示敬业精神和教育艺术的技术平台，营造了绿色的家校融合文化氛围。

三、融洽互动，形成绿色的师生情谊文化

小班化教育带来一个显著的变化，就是师生之间的交流与沟通变得更加便捷、频繁、自然和坦诚。我们注意到，小班教学过程中，教师对学生关注的频度是大班教学的三到五倍，这为师生间的沟通创设了充足的时空。小班化教室的那份温馨让孩子们进校如进家门，师生对立荡然无存；小班化独有的小组合作形式让“一个都不能少”真正成为现实。处于青春期的孩子们最需要的是尊重，建立在尊重基础上的融洽互动让师生间情意更真实、更令人动容。承认差异，关注进步是尊重；教学互动，教师走下讲台是尊重；注重实效、红笔批改是尊重，而小班化教学模式为这一切提供了可能，这也正是小班化教育的魅力所在。我校“两只红笔进课堂”的做法，使教师的“批”和学生的“改”在课堂教学中快速交替，在“定时限讲、教学互动”的教学模式下，教师用红笔现场批阅，学生用红笔及时修改，在对知识进行勘误纠正的过程中，学生真正感受到教师的关爱，感受到教师的耐心与真诚，师生间的情意自然得到了升华。

我校“二次批改表”及“知识排查表”的有效使用，在帮助教师完成日日清任务的同时，更进一步加深了师生间的沟通和交流。教师们创造性地使用这些表格，将它们每天随身携带，反复研磨，熟悉到随口就能点出学生的名字、说出学生的问题所在。教师走进学生中间，指点迷津，挥洒自如；学生围坐在教师周围，无拘无束，享受快乐，师生间其乐融融。小班化教育拉近了师生间的距离，消除了师生间的陌生与隔阂，形成融洽和谐的师生情感文化。

小班化教育的全面展开，为学生的生命发展创造了更加有利的条件，使尊重个性、体现精致成为全校的追求，从而形成一种促使学生爱校如家、主动学习、自主发展的人文环境，进一步营造了我校富有特色的校园绿色的文化氛围。

让每一个花蕾都精彩绽放

历时一周的"新星杯"大赛已圆满落下帷幕，本次大赛我校共有12人参赛，第一轮笔试环节8人入围且成绩均名列前茅，由此顺利进入第二轮赛课环节。参赛教师年级跨度大，学科分散，覆盖7个学科。这个年轻的团队克服了时间紧迫、经验欠缺、借校上课等诸多困难，勇敢接受挑战，全身心投入准备，以优异的成绩名列前茅。本次活动鼓舞了全校教师的士气，极大地调动了教师特别是年轻教师的积极性。回顾近年来教师团队参赛情况，成绩是喜人的，2010年"风采杯"获得团体总分第一名，2011年"希望杯"获得团体总分第二名，2012年的"新星杯"再夺桂冠。

一、我们的做法

1. 未雨绸缪，抢抓一个"早"字

接到大赛通知的第一时间，学校分别召开青年教师动员会和教研组长、备课组长准备会，分层次、分阶段地布置了具体应准备的任务，并带领教师回顾了近几年大赛成绩，鼓励教师捍卫已有成绩，并乘势下达团队目标及团队考核和总结形式，指导教师合理利用好国庆长假的整块时间。可以说，我校的大赛准备在自上而下高度重视的前提下下手较早，以行政干预的形式保证团队提前进入状态，为大赛成功奠定了基础。

2. 精心准备，突显一个"实"字

"细节做实、实事做精、求索有梦、师生共赢"。本次大赛应该说是对我校的这一校园精神的最好诠释。在大赛笔试准备阶段，校领导多次走近青年教师，逐个了解他们的笔试内容准备情况，要求将其作为高职评定笔试预演加以重视，从思想上彻底打消应付心理。笔试成绩出来后学校立即行动，预测锁定前前后后几节课重点集备，待参赛课公布后按照前期的具体分工有条不紊地分头进行。备课组长组织本组负责课前备课；教研组长组织本组全员参与评课、议课；骨干教师、学科带头人负责重新调整，最后定稿。学校逐组落实赛前那一天的时间段计划，以保证宝贵的一天时间的高效运用。夜色降临，许多办公室灯光通明，有人在争论设计意图，有人在敲打键盘，有人在查找资料、寻找视频，有人在准备教具，全组分工负责俨然就是在忙碌组内的一项集体工作。

3. 运筹帷幄，贵在一个“和”字

“一员负责制”是我校各项活动有序开展和出色完成的管理策略之一。我作为本次大赛一员负责制的责任人，要全面安排研课评课、试讲调课、情绪调动、细节跟踪等各方面工作，同时年级主任也是分年级把关，我们形成了双层保障，精心安排每一个环节。由于事后要进行全面总结，我要掌控好全过程，这里采撷两个小花絮简介如下。

事例一：化学组张佳慧老师参赛时恰逢同组中一人在上海培训，另一人紧急住院。面对佳慧无助的双眼，初三物理组主动相助，默默无闻地冲进试讲班级帮助磨课，参与研讨，从另一个视角提出质疑，并献计献策。比赛当天早上，整个物理组两人负责调整后的试讲，两人帮忙准备实验器材，一人当司机，早早在楼下等候发车。不知情的人还以为是物理组的人要参赛呢！

事例二：政治组李春燕参赛时也恰逢同组中一人调离本校，另一人休病假，关键时刻整个政史地生组没有袖手旁观，在组长钮英杰老师的号召下，大家真诚相助集思广益，共同走进她的课堂，帮助挑毛病、谏言存在的问题。晚间 11 点钟，李老师还收到同组姐妹在 QQ 上关于课堂设计的建议及鼓励支持的话语。赛课当天，有人提供合适的服饰，有人帮忙拿教具，大家争抢着陪同前往。可以说参赛的年轻教师是带着同伴的热情、同组的合力走上赛场。

事例三：英语组姜雪松与宋卫共同参赛，可谓竞争对手，笔试环节宋卫遗憾出局。尽管心里很不是滋味，宋卫还是一路陪伴姜雪松，忙前忙后，还在课堂中坚持采用校内助教式教学方式全身心投入真诚相助，希望同伴能够在比赛中胜出，那浓浓的团队情怀感动着在场的每一位老师。

二、我们的思考

此次大赛带给七十一中人的是收获后的喜悦和喜悦后的思考。小班化实验之初我校就确立了"重在课堂、难在课程、关键在教师、途径靠科研"这一主线，旗帜鲜明地提出了"教师是小班化实验成败与否的关键"。

我校 5 年内的新教师共有 12 人，如何让新教师尽快适应教育教学工作并迅速成长为优秀教师，既关系教师的个人成长，又关乎小班化教学改革的成败。我们认为，这次大赛成绩的取得不是偶然，而是我校几年来小班化教育教学成果的典型例证，是七十一中团队精神的最好诠释，也是我校精细化管理的具体体现。

1. 完善机制，着力打造，全力推进重点工作

机制保障。为使青年教师迅速成长，学校每年均组织师徒结对活动，正式而热烈地召开青蓝师徒结对会，选派经验丰富的教师手把手传道授业，并签订责任状，做好规划和规定，并采用捆绑评价、影子跟踪、定期评议等方式将年轻教师培养作为学校重点工作加以落实，提出"一年入门，两年过关，三年胜任"的较高标准。

过程跟进。过程中遵循每周、每日三必做。详案每周必查，集备每周必带，学案每周必出；徒弟每日必须是后置于师傅一节课，每日必须做当日反思，每日必须进行提前说课。同时学校教学活动中做到三个优先：保证诊评课数量有限时年轻教师优先，评课时徒弟优先，活动展示时年轻教研组优先。

2. 感同身受，创设载体，促进教师快速成长

大胆起用年轻教师。有人曾说过：最好的锻炼就是在岗位上真实体验。3 年内的年轻教师均以满工作量全部冲在教学第一线，参赛的 12 人中就有 5 人

承担班主任工作，多名教师承担了兼职工作，疑人不用，用人不疑，在学校充分的信任面前，他们的潜能与自信也被最大限度地挖掘出来。

以赛代训。实践证明，赛课是教师专业发展最好的抓手，每年学校对青年教师都开展四轮赛课活动，分别是：师徒指导下的赛课活动、备课组指导下的赛课活动、教研组指导下的赛课活动、徒弟“谢师课”。赛课活动层层递进、环环相扣，将本备课组、本教研组、本年级的所有教师的目光都吸引过来，聚焦年轻教师。赛课不走过场，不摆架子，务求实效。我们更看重赛课前的研课、磨课及赛课后的反思提升、表彰激励。形式多变的赛课使年轻教师得到了快速的锻炼与成长，一批教学新秀脱颖而出。而今在我校承接的许多参观来访活动中，5年以内的年轻教师成为主角，他们由生涩、自卑到今天的自信、成熟，从小班化策略的生搬硬套到今天的熟练运用。

3. 虚心好学，与小班化课堂同呼吸

践行小班化策略。年轻教师虽然经验缺乏，但他们素质高、悟性强，接受新鲜事物快，在小班化推进过程中，他们一直是积极的践行者，就如同一张白纸毫无障碍地书写着自己对小班化理念的全新认识。集备中、课堂上、反思中他们敢于质疑、发表不同意见，不时迸发出的奇思妙想让老教师叹为观止。

“限时四小”迸发新的灵感。本学期在原有小班化策略基础上，我校强化了“限时四小”策略，对课堂进行块状限时管理，延长学生有效注意力时间，师生共同约束，以提高课堂效率。“限时四小”让青年教师在课堂教学中更加有章可循，有法可依，有载体可操作。

4. 用心感受，与团队精神共成长

团队精神是七十一中学可持续发展的精神力量，团队激励永远是我校制胜的法宝。我校坚持每学期推出一个团队精神，本次大赛是对本学期的团队精神“心动更要行动”的最好检验。

总之，我校青年教师的成长形势喜人，如一朵朵含苞待放的花蕾光鲜亮丽。欣赏之余更带给我们新的思考：花蕾的绽放不能等待，它是有花期限定的，需要园丁精心修剪、科学施肥，需要适度的阳光、充足的水分，需要近期计划、远期规划。梳理我们的做法，体会如下九个字：搭台子、压担子、小步子。所谓“搭台子、压担子”是指真诚地关注和岗位上的实际体验是最好的方式，我们总是挖空心思尽可能多地创造机会让他们积累丰富的体验及体验成功后的喜悦，同时利用团队扩大影响力。“小步子”是指“每个阶段都重点关注一个教师，每个教师都有被重点关注的阶段”，年轻教师的培养不可急于求成，更不能急功近利，我们坚持不怕慢、就怕站的朴素原则，悉心呵护每一朵花蕾。

今天的年轻教师是幸福的，我区的年轻教师更是幸运的。年轻教师的培养是一个系统工程，仅靠学校一方力量是单薄而无力的，借此机会，感谢教育局，感谢进修学校对我校年轻教师的热情关爱与业务上的精心指导。年轻教师是学校的希望，更是我校可持续发展不竭的力量，我们愿不遗余力，不辜负上级领导对我们的期望，踏踏实实做管理，老老实实做研究，用心浇灌每一朵花蕾，使之更加绚烂芬芳。

一心一意做研究，聚精会神抓质量

小班化教育在西岗区实施了近 2 年时间，作为实验点校，我校亲临了这场教育教学变革的每个环节，付出了艰苦的努力，也尝到了成功的喜悦。与实施小班化教育之前相比，干部的管理思想、教师的教育观念、学生的学习品行的确都发生了较大变化，正是这些转变，带来了我校教学质量的稳步提高，赢得了系统内部及社会各界的良好评价，印证了我们实施小班化教育过程中的一些做法还是有效的、可取的，从而也更加坚定了我们继续走小班化教育之路的决心。

回眸小班化探究之路，可以说，我们紧紧抓住了重要一点，并围绕这一点下足功夫，做足文章，那就是不断为教师的“教”与学生的“学”提供实实在在的“抓手”，也就是明确给出小班化教育每一步探究的具体做法，让师生有“法”可依，有章可循，行动之前心中有谱，操作起来行之有效。如2020课堂教学模式、两支红笔进课堂、二次批改、日日清、三分抽测、晨诵展示、学案导学、相对成绩分析等，这些做法都对提高我们的教学质量起到了积极作用。

本学期，我们也在继续优化和践行这些做法，努力从中获取更大的效益。但小班化教育的深入推进，向我们提出了更高的要求，需要我们不为浮云遮望眼，要聚焦内涵，去除假象，抓住小班化教育的核心，即课堂教学最优化。围绕这一点，我们在总结反思以往做法的基础上，将本学期新的探索在这里向各位做简要说明。

一、让“小白板”成为小组合作学习的“显示器”

小组合作学习的关键，在于怎样让每一个学生都能积极参与学习并获得表达自己思想的机会。课堂上通常存在的情况是，少数学生有机会，而多数学生是"被学会"的，而且，即使是小组形成的意见，也没有通过很好的载体予以清晰的表达，这影响课堂的实际教学效果。我们在探索中苦苦思索，尝试了多种手段，最后将小白板引进了课堂。

"小白板"尺寸不大，收放便捷，而且书写容易，涂改方便。"小白板"以每小组一块儿最为适宜，平时放置在书桌下方，需要时快速取出即可。我们是这样使用小白板的：小组合作学习产生需要时，每个学生都将自己的理解写到板上，同学之间展开思维交锋，形成一个或几个结论，交由授课教师批阅，从而完成合作学习任务。"小白板"集展示、交流、评价于一体，它成为小组合作的有效载体，成为各组展示合作成果的便利工具，成为教师进行课堂即时评价的依据。一块小白板可谓一举三得。它让小组合作有了抓手，让学生参与面大大增加，小白板要优于实物展台，因为它可以同时展示几个人或几个组的学习结果，还原学生的认知规律，追溯思维脉络，它就像"显示器"一样在合作学习中发挥着积极的作用。"小白板"从创建到这学期的普及经历了一个怀疑——争执——尝试——追捧——习惯的艰难过程，更是走过了一个从花拳绣腿到实际依赖，从理科课堂的专利到各个学科遍地开花的良好态势。现在，"小白板"在我校越来越受到师生的喜爱，已经成为课堂上小组合作学习不可或缺的有效学具。

二、让"即时评价"成为小组合作学习的"助推器"

小班化教学分组合作学习的最初，我校采取的就是"异质同组"的策略，即每个小组都要兼顾高、中、低三个层次的学生，每组 5 至 6 人，形成 AA、BB、CC 结构。同质者要结成两两对子，对子之间既是竞争者又是互助者。实践中我们认识到，合作学习不等于步调一致，不等于齐头并进，合作学习必须要有"领跑者"，领跑者适当地保持领先地位，有利于调动其他学生的潜能，增强学习实效，而不断地确定领跑者并使其成为别人的追赶目标，是分组合作学习的重要环节。这里需要充分激发学生与学生之间、小组与小组之间的竞争意识，这样，我们就引进了课堂分组合作学习即时评价的概念。即时评价，顾名思义，就是当场对学生个体或小组集体的学习情况进行有力的评说，同时确立某个问题或某个方面的赶超目标，从而调动学生积极性的方法或手段。我们鼓励教师一定要善于挑起生与生之间、组与组之间的对抗和质疑，将学生的争强好胜心理正确地引导到课堂学习中来。经过这段时间的应用，有的老师说：“谁用好了即时评价，谁就拥有了小班化教学的高效课堂。”

关于即时评价，我校提出如下要求：一是适时对学生的学习态度、精神状况，以及声音、形体、语言等学习构成要素进行评价，以此对学生参与学习的注意力加强管理。二是准确评价学生知识点的掌握和运用情况，为学生建立正确的知识框架。三是及时树立学得好的个体或集体典型，为其他学生或小组确定追赶目标。四是及时记录每堂课中学习处于领先位置的学生或小组，学校进行周统计，对表现突出的学生或小组予以表扬或奖励。这样，我们基本克服了以往评价肤浅、片面等现象，将评价与竞争有机结合，使即时评价成为合作学习的“助推器”，为小班化高效课堂提供用之不竭的动力。

三、让“学会”和“会学”成为小班化课堂师生共同的价值追求

任何课堂教学都有两个基本目标：一是让学生掌握本课时的规定内容，二是让学生掌握学习下一课的有效方法。前者解决学生“学会”的问题，后者解决的是学生“会学”的问题，两者同等重要，不可偏废。小班化课堂教学更是如此。

为解决“学会”的问题，我们采取的做法是：课堂前测——问题汇总——适当点拨——合作学习——集中反馈——必要讲解——巩固练习——课堂后测。关于前几个环节的具体抓手曾做过交流，这里不做赘述，今天仅就课堂后测做一介绍。本学期，我们在这个环节上着实下了不少功夫，后测是对当堂教学效果进行的测试和检验，这是一堂课的最后环节，是对课堂实效性进行把握的有效手段。建立每节课的检测题库，教导处每天不规律地抽测一至三节课，

检测结果当日反馈，提出改进建议。通过当堂检测，以结果回溯过程，帮助教师优化"教"的细节，寻找"学"的不足。但在实践过程中我们深深感受到：出什么样的后测题目才能科学地检测出课堂实效是操作中的难中之难，这对于骨干教师、中层以上干部的教学管理能力如当课配题能力、评课能力等都提出了严峻的考验。前几日的南京之行两校的同课异构活动让我对前测后测又有了更深的思考，提供了更加完善的思路。

为解决"会学"的问题，我们采取的做法是：为每一位学生配备"活页夹"和"双色笔"。"活页夹"的作用之一是学生用来纠错、教师进行再批改；它的另一个作用是学生用来搜集、留存"课堂学案"，要求学生分科整理，教师定时检查。这样，一个学期积累下来，不同学生的个性化复习资料就汇集起来了，在将来复习的时候就可做到条目清晰，资料齐全，便于学生形成知识网络。

"双色笔"在小班化课堂上起到极大的作用。一般要求学生在接到"学案"后，即进入学习的第一个环节——自学。在自学中一旦遇到"拦路虎"，"双色笔"就派上了用场。让学生把不会的问题标注出来，就是让他们明确课堂学习的基本任务，并让学生知道，把不会的问题学会，其实就完成了任务，团队就可以胜出。

要让学生"会学"，根本的措施是教师放手。我们鼓励教师课堂上放手，督促教师摆正学生的主体地位，激发学生的主体意识，使学生"失去"了学习上的依靠，认识到学习是自己的事，其超常的主动性和能动性被调动起来，千方百计地创造方法，解决学习中的困惑。置之死地而后生，逼着学生学会了学习。

四、让教学视频切片成为教师专业成长的有效载体

本学期，我校成为教学视频切片信息上传的定点学校，这给我们提供了难得的机遇。我们理解，给教师录课只是手段，让教师通过反复揣摩自己的课堂教学，发现问题，改进不足，才是录课的最终目的。在上传教学视频切片过程中，我们把每位教师录制好的课都按教学环节分成若干切片，当天第一时间转交给教师，两天内形成一份翔实的个人切片反思，包括回眸精彩、遗憾反思、沉淀收获三部分，真实真切是第一要求，发现问题是最终目的，再由中层以上干部按照学科分工，与教师一起坐下来，有针对性地进行切片回放、深度解剖、定格诊断、查摆问题。相信这一做法一定能够促进教师完成知识过关，提高课堂教学水平。

让学生在“学而有助”“学而有乐”中“学而有得”

——对大连市第七十一中学小班化教育科研工作的梳理

区域小班化教育发展的历史，与西岗区沧桑巨变相随，更与教育观念日新月异相伴。回眸我校小班化教育，课堂与学生，是其经久不变的关注。三尺讲台，因师爱而美好；一方天地，因生命成长而灵动。七十一中是小班化教育长河中的沧海一粟，品味我校小班化教育，每个孩子都可以教好，每个生命都应该幸福，是其恒久的关注和聚焦的原点，也见证着小班化教育的价值与美好。

我校位于大连中心城区西岗区，是一所建校40余年的普通初级中学。近几年来，学校各项评估指标均由4年前全区“垫底”水平，迅速跃居区中游水平，各年级教学质量显著提升，特色项目影响力日益彰显，学校社会声誉明显好转。这些成绩的取得，与我们潜心进行小班化课题研究，科学实施课堂转型，扎实推进团队建设，坚定不移地走科研兴校之路有着重要的关系。

一、潜心研究，课题牵动，推动教学管理模式的研究

2008年10月，西岗区教育局开始实施小班化教育试点。我们敏感地意识到，这是一次难得的机遇。为此，我们积极申请，成为西岗区首批小班化实验点校，期待借助小班化教育实践的研究，推进高效课堂教学改革。

1. 课题牵动，整体规划

随着区域小班化教育国家级课题的开题，我校课题《初中小班化精细化教学管理研究》作为其子课题研究也同期开始。实验初期，我们就确立了“高起点、强联手、重科研、造氛围、实探究、勤反思”的实施策略，围绕“重在课

堂、难在课程、关键在教师、途径靠科研”这一主线，整体规划，立体架构，建立起全覆盖逐点透析式管理模式。

此模式的内涵包括三方面：一是时间管理全覆盖；二是空间管理全覆盖；三是校内人员管理全覆盖。同时，我们对学校管理流程逐点进行观察诊断，逐项解决发现的问题，修订和完善了17项规章制度，敦促制度落实，形成运转机制，其精神内核就是逐点优化管理细节，构建精细化管理体系。

小班化的精细化管理让关注个体真正落到实处。没有关注就没有教育。小班化教育使教学过程中每个学生受关注的时间、频度都得到大幅提高，特别是大班条件下难以展开的对学困生的关注，在小班化教学中可以迎刃而解。

学校编制了《小班化学生个性成长手册》，设定了“我问我自己”“我督我学习”两个专栏。学校每周一次全面检查手册使用情况，举办手册交流展，形成独具特色的评价方式。目前，《小班化学生个性成长手册》已成为学校实现精细化管理的平台。

随着研究的不断深入，“十二五”期间学校再次立项，将此课题申报为省规划课题，进行进一步研究。

2. 关注细节，将常规做到极致

要想把小班化教育理念落到实处，要想将教改的思想真正转化为现实，关键还是要靠精细化的管理来落实。“将常规做到极致”是我们的追求，更是开展研究行动的保障。向教学过程和教学细节要效益，过程就是质量，细节决定成绩。而今“细节做实，实事做精，求索有梦，师生共赢”已成为七十一中的学校文化。仅以我校怎样设计和落实“学习指导案”为例介绍一下如何落实教学常规的。

“学习指导案”是根据学生学习的需要、班级授课的特点而设计和组织课堂教学的学习案纸，它是教师课前备课主要的设计内容。

“学习指导案”的设计理念：约束教师明确本课的主攻方向；为“20+20”课堂教学提供抓手；为教师提供当堂批改的载体；给教师提供纠错的依据；为

学生留下学习痕迹；将部分课后作业前移。

“学习指导案”的教学流程：提前下发，课前自学，完成第一次教学；课堂上讨论交流、合作探究，完成第二次教学；当堂进行达标测试，及时得到反馈，完成第三次教学。

“学习指导案”的教学管理：抓备课——一备传承，共同修改，二备到位；抓课堂——两只红笔，小组合作教学，后测；抓作业——讲必练，练必批，批必评，评必纠，纠必查，查必改，错必二改。

起初，我们对“学习指导案”的使用没做硬性规定，但是一段时间下来通过后测发现，使用“学习指导案”的数学、历史备课组，一个学期内教学成绩明显攀升，多次在市区级教研活动中做经验交流。

二、依托课题，聚焦课堂，实施小班化教育课堂策略的研究

实验之初，连续40节的诊断听课，我们发现课堂上教师讲得太多却浑然不知，成绩不理想却找不到根源。学生教师无不疲惫不堪、愁眉苦脸。如何让学生乐学，教师乐教，课堂充满愉悦，师生共同发展？

1. 穷则思变，校级课题初次尝试

基于这个朴素的梦想，为了改变教师教得累、学生学得苦的现状，我们决定进行课堂教学改革实验，2007年年底开始试点，2008年5月全面铺开。我们认为，课堂教学改革是一场攻坚战，没有扎实的抓手就无成功的希望。学生愉悦地学习，首先必须把课堂真正还给学生，让学生动起来。必须把教师的讲课时间限制下来，教师少讲了，学生才可以因此而多学。“教师少讲”总得有一个说法，定多少时间呢？我们通过两次调查问卷和包括领导班子、备课组长、理科教师等三次多层面的互动座谈会初步确定了“20+20”课堂教学模式，并以此为问题引入，悄悄开始了我们校内的尝试性的研究。我们给教师提出硬性要求并强势推进，这就是被教师称为釜底抽薪的颠覆性措施。

所谓20+20并不是严格意义上的讲练各占20分钟，而是控制讲课时间的广义限定，可以根据不同学科不同课型的需要实行“25+15”“10+30”，甚至“5+35”等。20分钟的讲课时间更多时候是一个提醒，提醒老师们挑精要的讲，抓学生“愤”“悱”之处讲。

2. 初见成效，市级课题随后跟进

当老师们矫枉过正地走过这段转型期后，自然打破时间的机械限制，带领教师顺利进入市级课题《初中小班化定时限讲，师生互动模式的研究》行列。如今“定时”“限讲”多少，都由教师根据具体的学科内容而定，课堂灵性更加彰显，艺术性和生命力更加得以体现。过程中我们采用一套全新的教育科研方法——循环实证。正是这套方法“征服”了更多半信半疑的教师。

“实证到人人服帖为止！”领导班子铁了心，把“战线”拉到了更大范围。依靠科研的力量，教师们主动投身其中，如今循环实证已成为我校的一种校本研修方式，越来越多的教师“以身试法”后口服心服了，许多教师的课堂在慢慢转型，研讨会上老师们由衷地说：“我现在备课的关注点不再是我自己能在哪个方面上的出彩，而是关注哪些是学生能学会的，哪些是学不会的。”从“心动”到“行动”的过程也是从文化认同到文化自觉的过程，当教师的观念发生改变时，行动的跟进就水到渠成了。

3. 提供抓手，保证课题向纵深发展

要教师少讲，必须解决好两个问题：一是教师少讲了，还要干什么？二是教师少讲，学生干什么？只有解决了后顾之忧，教师才有可能少讲。

回眸小班化教育研究之路，可以说，我们紧紧抓住了重要的一点，并围绕这一点下足功夫，做足文章，那就是不断为教师的“教”与学生的“学”提供实实在在的“抓手”，如2020课堂教学模式、两支红笔进课堂、小组合作、小白板的使用、二次批改、知识排查、三分抽测、晨诵展示、学习指导案、相对成绩分析、即时评价、视频切片反思等。下面仅以其中的四个策略为例做以说明：

（1）“两只红笔进课堂”

所谓“两只红笔”，是指教师一支红笔，学生一支红笔。

首先是教师一支红笔进课堂。我们的做法是，在每堂课 20 分钟的练习时间里，教师现场批阅，在保证批阅质量的基础上，批得越多越好、越快越好，这样能够及时发现问题，及时指导学生改正。其显性作用在于即时反馈，逼着教师离开讲桌，走进学生中间，及时检讨前 20 分钟的授课情况。其隐性作用：一是通过批阅创设载体，督促学生在课堂上及时思考，提高当堂学习和记忆实效，提高课堂教学效率；二是通过批阅发现问题，让教师及时调整讲授的深度和广度，从而保证课堂大面积学生受益。许多教师在反思中深有感触地说，通过批阅，让我看到有些内容真的可以不讲或少讲。

其次是学生一支红笔进教室。我们要求学生，无论是作业本、试卷，还是各种练习册，特别是课堂学习指导案，只要出现错误，就必须用红笔改正。学校不允许教师直接指出或标明学生错在哪一步，要让学生自己查找，并详细改正。醒目的红色便于复习时查找错误，再次识记，印象深刻。小红笔真的可以做出大文章。

（2）让“小白板”成为小组合作学习的有效载体

课堂上通常存在的情况是，少数学生代替多数学生的思维，小组形成的意见很难得到清晰的表达，因此，我们将“小白板”引进了课堂。在小组合作学习产生需要时，每个学生都将自己的理解写到板上，同学之间展开思维交锋，形成一个或几个结论，交由授课教师批阅，完成合作学习任务。“小白板”集展示、交流、评价于一体，成为小组合作的有效载体。

（3）做细“知识排查”和“二次批改”，确保“日日清”

“知识排查表”在期末复习和初三备考阶段，发挥着巨大的作用。它可以把学生在知识遗忘或教师在辅导补救中因时间和精力有限而造成的损失降到最低，确保教师对学生知识排查的“日日清”，真正做到“关注每一个”。“二次批改表”是对“知识排查表”的再次深化和不断完善，其格式统一，但我们提倡教师创造性地使用此表，有自己的标识、记号，不需要整齐划一，只求实用方便，每天随身携带，跟踪记录。“两表”现已成为教师每天离校前跟学生对话、“较真”的依据，能切实帮助学生完成“日日清”任务。

（4）加强教学视频切片研究，促进教师专业成长

我们坚持定期为每位教师录制日常课堂教学实况，按教学环节将每节课分成若干切片，第一时间交给教师。中层以上干部按学科分工，与教师一起，逐帧进行切片回放，开展深度解剖，定格诊断，查摆问题。教师在规定时间内形成翔实的个人教学反思，针对课堂教学存在的问题制定改进办法，学校组织专家团队进行问题跟踪，帮助教师不断调整和改进教学。

三、让团队激励永远成为制胜法宝

我校在学生各项活动的开展以及一切载体的创设中都引入团队竞争的理念。比如：我们设计的三分抽测、晨诵展示、晨练三部曲、行为点评台、小班化成长手册、学案展评比赛，等等，都将每一个体纳入团队考核与竞赛中来，学生学与不学、学得怎样再也不单纯是个人的事情了。“为团队而战”已经成为七十一中响亮的口号。

同时，学校一直致力于教师的团队建设，每学期推出并贯彻一种团队精神。如把过程做细，把细节做实，把小事做好；一件事有一百种做法，要做就做精品；一个备课组就是一所学校；做事的三种境界——完成任务、按时完成任务、出色完成任务；为自己鼓掌、为团队喝彩、为明天遥祝；评价比要求有效，氛围比约束重要，等等。

4 年来，这个团队曾两次获得西岗区希望杯教师大赛团体第二名，高级教师团队荣获区团体总分第一名，数学组荣获大连市优秀教研组称号，学校先后被评为西岗区巾帼文明先进集体、大连市校本研修先进学校、大连市德育工作先进学校。

各位同仁，请相信小班化的魅力，在今后的小班化研究之路上，我们继续

把“以学生为中心”作为变革的原点，把聚焦课堂作为研究的核心，把团队建设作为动力，让学生在“学而有助”“学而有乐”中“学而有得”，是实现小班化教育不断超越、发展与创新的永恒追求。

“限时四小”管理助推高效学习

小班化教学实践走到今天，我们已经确定无疑地把“小班化教学”和“高效学习”紧密地联系在一起。而且，等我们的“高效学习”实践从“高效教学”发展到“高效学习”，我们就发现，教师的高效带出学生的高效，才是高效学习管理中实实在在的硬道理。因此，“限时四小”管理应运而生。

一、什么是“限时四小”管理

“限时四小”指的是教师在小班化授课过程中，对40分钟课堂内四个主体模块的限时运作，并根据学生在四个限时活动中学习目标、学习任务的达成情况，来评估自己的备课、授课质量，调整自己的批改方式、辅导重心，结合固有的学情改良和创设新的学习氛围。目前，我们把限时学习的重点定位在课堂的四个高效点上，它们是：“限时小测试”“限时小先生”“限时小白板”和“限时全员总结”。

二、为什么要进行“限时四小”管理

在经验的生成和总结过程中，我们的高效学习管理已经进行到这样一个阶段——由前期的“教师活动限时”管理逐步走向现在的“学生活动限时”管理。毕竟，高效学习管理的落脚点终将要落实于学生层面的“学得高效”。学生有了端正的学习态度，班级有了良好的学习氛围，还需要课堂不断有新鲜感和挑战性来调动学生的主观能动性。而这份积极和主动，又不是教师单方的一厢情愿和热情高涨就能达成。40分钟的课堂如果能不断出现学生的关注点、兴趣点，以及不断出现学生的被关注点、被欣赏点，这样的课堂，应该是灵动务实的，应该是受学生欢迎的，应该是每个教师乐于探究和投入的。

三、怎样进行“限时四小”管理

“限时小测试”，即每节课前三分钟，教师根据本节课的教学内容，进行的前期测试，并通过小组打分确定本课还可以在哪些环节上有所调整。在限时小测试过程中，教师利用电子计时软件或各种计时器进行 3 分钟限时，在有节奏的提示音的“催促”下，学生对无形的时间有了清晰可感的把握，他们不仅要在 3 分钟之内完成测试，还要小组内互相打分汇报。我们希望培养学生良好的时间观念，成为他们未来良好生活理念的一部分。

“限时小先生”，指老师在“两支红笔进课堂”过程中，结合自己在巡视批阅过程中的发现，为每一个学习小组指定临时小老师，负责帮助本组所有同学在规定时间内完成这一个学习环节的目标任务。（注：所谓的“两支红笔”，是指教师和学生都要准备自己的红笔，在不同的学练环节，第一时间进行的对象不同、目的不同的批阅或批改。）因此，同一小组的不同成员，即使在一节课之内，也有若干均等机会成为小先生，在“教”别人的同时“学”到更多。毕竟，学生的这种被关注是不着痕迹的，这种被赏识是公平均等的，虽然他们有可能不知道，每一位教师在准备这一环节之初的深思熟虑和精益求精，在指派小先生时的精挑细选和良苦用心。

当课堂学习过程中出现了教师意料中或意料外的共性问题或有价值的个性问题时，怎样能完整有效地将这些新鲜出炉的“教学资源”及时呈现呢？“小白板”成了此时最好的媒介。

“限时小白板”，指在限定时间内，各学习小组在合作学习产生需要时，每人都将自己的理解或小组形成的有价值的疑惑写到本组的小白板上，然后“粘贴”到黑板上，交由授课教师批阅评比，完成合作学习任务。在这个环节中，学生的思维碰撞出的火花是独具魅力的，从前课堂上通常存在的少数学生的思考代替了大多数学生的情况，小组形成的意见很难得到清晰表达的局面，都得到了改变。因此，“限时小白板”集展示、交流、评价于一体，成为小组合作的高效载体。

课堂教学进行到这里，我们的教师对全班学生本节课的表现都已经心中有数了。他们都会用自己的方式给每一个学习小组的表现打分，但这未必是本节课的高潮部分，学生的注意力还要保持到这节课的最后 5 分钟，因为，全员参与的当堂小结可是体现他们会不会表达，会不会聆听的时候了。

“限时全员小结”，指在每节课最后五分钟，采取全员参与的方式，对本课的主要知识点、重难点等进行“重申”的教学环节。这种“限时全员小结”的做法是：为了能够提高学生参与的积极性，在每节课的最后 5 分钟，授课老师让全体学生同时起立，以抢答的方式，总结本课所学知识点，回答准确的同学先坐下，后面总结的同学不得重复前面说过的答案。这样，学生们为了抢先总结知识点，总是非常积极活跃地举手，而且还要认真聆听他人所总结的内容，以免因为重复而不能通过。许多时候，这种全员参与的小结进行到班级一半人数的时候，知识点就被总结得差不多了。这时候，剩下的学生怎么办？通常，学生可以运用本节所学知识，展开多元化的所学所思所悟。如英语课堂，学生就可以运用所学的短语、句型等造句，只要运用正确就可以通过；如语文、地理、历史等课堂，则可以结合课文或语段，多角度谈论你从中获得的启示；数理化等课，还可以说出本课所学能够让你在哪些方面学以致用，或者是在生活中应该注意和提防哪些，等等。

当然了，有时候也会有个别学生回答不出来，这样就给他布置些关照性质的作业，如可以参照本组同学，认真地整理当堂的课堂笔记等。这样一来，每个学生在课堂上都能得到关注，每个学生都能参与到课堂活动中，每个学生都有所收获，每个层面的学生都得以提高。

我们暂时把这四个“限时”作为我们现阶段的高效学习管理的一部分，尽管称作“经验”，但却没有丝毫的“得意”，因为这些“限时”手段，还不是素质教育的终极样式与目标，而是希望借助这四个“小”，把课堂教学中的“学”

这一部分，较大程度地"交由"学生做主，调动每一个学生的"被关注"及"被需要"的渴求，拉升每一个学生的自信值，多角度地发掘和收藏学生的闪光点，让"小班化"大环境下的高效学习管理，终究是"以学生为本，为学生的终生服务"。

抓好中小衔接，夯实质量基础

众所周知，由于中小学各自独立、相对封闭的办学格局长期存在，导致了中小学教学方法、教学模式、管理行为、学校文化等方面的明显差异，致使中小学教师对对方的教育教学情况不甚了解，教学过程中出现复教或漏教现象；同时，相当一部分学生由小学升入初中后，难以逃脱或长或短的适应期，心理上、行为上都需很长时间的调整。因此，打破中小学校之间的封闭，消除彼此的割裂与断层，探索教材学段贯通和多元衔接的课堂教学策略，实现对口中小学间的无缝衔接，就成为我们努力探索与实践的课题。日前，我们三所对口中小学领导聚到一起，按照教育局的要求，围绕中小衔接话题，回顾了3年来我们在这方面所开展的工作及取得的成效，并对存在的问题及今后的设想进行了研究，在此向各位做简要汇报和交流。

一、我们的几点做法

1. 理清思路，明确方向

为什么要进行中小衔接？中小衔接要解决哪些问题？怎样开展中小衔接？衔接中应注意的问题是什么……这些都是开展此项研究绕不过去的问题。如果我们不能准确地回答，不能把这些问题清晰、明朗地加以描述和阐释，中小衔接就势必流于形式，盲目行动，为了衔接而衔接，使中小衔接始于轰轰烈烈，止于无声无息。因此，开展中小衔接研究之初，我们就确定了“合作发展、携手共进”的工作思路，共同签署合作发展备忘录，将中小衔接研究制度化、规范化、常态化。我们制定了规范的衔接方案，重点围绕两个方面展开研究，即学科教学上的衔接和学生管理上的衔接。我们遵循“中学提前介入、向前延伸，小学打好基础、适度超前”的原则，在小学六年级和中学一年级展开具体研究。

2. 抢抓机遇，深入探究

2010 年 9 月，兆麟小学因校舍重建迁入我校，这为我们两校间中小衔接提供了难得的机遇和便利。两校的管理因同在一室而彼此熟知，两校的教师因朝夕相处而互通有无，两校的学生因作息同步而不分你我。我们抓住这一有利时机，与建设小学一道，在课程体系、教材编排、知识衔接、学科教学、课堂模式、教学方法、教学评价等方面，展开深入的观摩研讨，存异求同，努力实现跨年段教学的顺畅衔接。我们安排各种活动，让两所小学的六年级学生走进初中，走进课堂，走进初中生的在校生活，与初中师生就彼此关心的话题开展深入地沟通和交流，帮助学生消除了畏惧与隔阂，增强了解，使其在心里做好了铺垫和准备。我们还安排中小学教师相互走进对方学校的课堂，实实在在地动手实践，使教师们进一步增强了对彼此教学要求的理解，进一步明确了各自教学应达到的目标和水准，对促进彼此教学质量的提高都产生了积极的推动作用。

2011 年 3 月 2 日下午 1 时，我校四楼会议室座无虚席，三所学校中小衔接同课异构英语教学研讨活动在此举行，来自三所学校的近 20 位领导及教师参加了本次活动。由于是同课异构，教师们的感悟颇深。针对风格迥异的三节课，在互动交流研讨中，他们发言也非常踊跃，或分析课堂的教学现状，或畅谈自己的听课感受，针对中小学衔接主题，每位老师都在认真思考：应该做出怎样的调整？遇到了哪些困难？如何有效解决这些困难？等等。

同课异构活动之后，我们三校趁热打铁，又及时开展了“互换视角，俯瞰课堂”的讨论活动，引导大家先找差距再找对策，引领教师由感性上升到理性，让每一次活动都扎实有效。大家畅所欲言，在碰撞中达成共识：无论中学还是小学，教师都应该吃透教材与课标理念，小学教师要尽力“打好基础”，初中教师则要尽可能“用好基础”，同样性质的活动每年举办一次。

二、中小衔接初见成效

1. 中小衔接，让课堂更高效

高效是课堂教学的追求，而要保证课堂教学的高效，不仅要重视每个教学环节自身教学目标的达成，更要保证教学环节间的自然联系，以促进课堂教学水平螺旋上升，保证课堂教学起承转合的快捷有效。我们的中小衔接尝试，让教师们走进对方世界，为他们提供了提前“立体”认识自己的教育对象的机会，让师与生、教与学双双提前进行全方位、多层次的相互了解和相互适应，避免出现相互间只见树木、不见森林的尴尬与无助，自然完成由“突变”到“渐变”，并在“渐变”中顺利完成中小衔接。

2. 中小衔接，让彼此更融洽

以往我们经常耳闻目睹中小学教师间的相互埋怨和责任推诿，好像责任全在对方，事不关己。开展中小衔接研究，让对口校之间多了一份理解。本学区由于地域环境原因，流动人口众多，家庭教育缺失，多数学生的英语基础薄弱。面对这种现状，面对孩子们焦急而无助的目光，我们三所学校将英语教学作为重点强化学科，召开专门会议商讨对策，排查偏科学生名单，利用假期，我们组织中学教师积极施救，为小学学生提供免费补习，帮助这些学生打好小学学习基础。几年来，我们每年都在小学毕业生离校前，将由中学教师亲自编写的小六暑期语数外三科题签发到毕业生手中，让孩子们暑期的自主学习有了辅助材料，为家长们督促检查提供了抓手。这样的题签，既是孩子们踏入中学校门时开展自主学习检测奖励基金评定的重要依据，又为学生进入中学赢得了宝贵的过渡时间。而这一信息的掌握，题签设计的创意，都是在中小衔接活动中教师们相互切磋获得的，受到家长和学生们的欢迎。

衔接不是刻意而为，而是潜移默化，润物无声。我们无法改变的是学苗状况，但我们可以调整的是中小学在教学管理、学习内容要求、教学方式方法等方面的趋向一致。3年来，我们三所学校之间端正态度，正视困难，积极策划，少了些许"抱怨"，多了诸多思考，把衔接共赢的意识落实到行动上，探寻消除差异的有效对策，进而达成中小学的无缝衔接。

三、关于中小衔接的几点思考

1. 中小衔接应以先进的教育理念为指导

我们要把课堂教学看成一个密切联系的有机整体，看成一个阶段性的、循序渐进和螺旋上升的推进过程。目前，国家已在教材体系中把小学、初中纳入一个整体来通盘考虑。这就需要我们把不同阶段的课程理念、课程标准、年段目标、教学内容和教学要求等合理摆布，整体思考，注意把握学生发展的阶段性与连续性，以便达成教育教学效益最大化。

2. 中小衔接要有文化上的认同

孩子由小学走进初中，首先感受到的是初中学校的物质环境、人文气息、制度规范、管理行为等，同时在他们心中将两校进行不自觉地比对，这个比对过程，就是孩子们对初中学校认同与否的过程。而孩子们心理上对学校认同与否以及认同程度等因素，都决定了他们在新的环境中怎样来调整自己、怎样来释放自己的态度和方式。所以，初中学校的文化建设至关重要，而这往往是影响孩子们过渡期角色转换的重要因素。

3. 中小衔接应找准对接点

开展中小衔接研究，需要我们找准对口校间教育教学存在的真实问题，深入分析问题产生的原因及解决对策，有针对性地采取措施，实现衔接方式的多元化，为有效衔接奠定基础，在教学环境、教学方法、特色传承等方面实现双向靠拢，使低中高段彼此有机衔接。针对我校男子舞蹈特色训练困难大但使用期限短暂（初一选拔、初二成熟、初三退出）这一现状，尝试将特色训练前移，三校采取在五年级共同组队集中训练的方式，以保证质量，凸显特色，达到特色建设的高效衔接。

4. 中小衔接应水到渠成

中小衔接不是刻意地硬链接，而应是有意识地软着陆。在衔接过程中，我们不要机械生硬地采取措施，要逐渐降低难度，减少容量，缓解坡度，遵循由低到高、由易到难、由下到上的认知规律，采取“低起点、小梯度、多训练、分层次”的方法，将教育目标层层分解、步步落实。

对小班化教学的全面细致领导

大量研究表明，小班化教育对提高学生的学业成绩、个性发展等起到明显的效果，对改变教育观念、改进教学方法、优化教育资源等有革命性的突破，小班化教育已经成为教育的一场新革命。从教学结果的角度看，小班形态下科学的教学管理模式、有效的课堂教学策略、愉悦的课堂学习氛围、良好的团队合作机制，都比大班环境下更具有现实性。小班化教学能够有效培养不同层次学生的学习兴趣、学习习惯、学习能力、创新精神和创新能力，充分调动每个学生学习的积极性，挖掘其内在的潜能，激发其主动探究的欲望，能够最大限度地促进每一个学生全面而富有个性的发展，让学生充分享受各种教育资源，得到个性化的教学，促使人人成功。但小班化教学的成效并非自然生成，需要有效的教学领导，才可得以实现。

2008年10月，我从一所区域示范校来到大连市第七十一中担任校长。当时，学校课堂教学松散平淡，效率低下，教学质量不高，具体表现在两个方面：其一，教师讲授得太多，学生习练得太少，低效甚至无效的教学环节太多，有效的课堂设计太少，课堂上教与学的效果不成比例；其二，教与学脱节，教师无激情，学生无热情，教师的教缺少研究和创新，学生的学缺乏积极和主动。面对这样的课堂教学状况，我们意识到：应该针对师生的特点，立足校本，加强领导，采取有针对性的改进措施。

由此，我们确定了以下改进思路：

第一，完善和优化学校管理模式，发挥干部队伍在学校管理中的领导作用。

第二，改革和优化课堂教学策略，加强对小班化课堂教学的组织和领导，提高课堂教学成效。

第三，确立和优化团队机制，充分发挥团队优势，创设宽松愉悦的教学氛围，为学校教学工作的有效开展提供有力的保障。

一、整体规划，立体架构，实现对学校管理模式的领导

小班化教学实践研究初期，我们就确立了“高起点、强联手、重科研、造氛围、实探究、勤反思”的实施策略，围绕“重点在课堂、难点在课程、关键在教师、途径在科研”这一主线，切实加强对小班化教学的领导，创设各种载体，大力推进面向“每一个”的教学实践，整体规划，立体架构，建立起全覆盖逐点透析式管理模式。

这种模式内涵包括三个方面：一是时间管理全覆盖——立足每一届学生三年发展周期的总目标，以做好每日管理为主线，对学生每周、每月、每学期、每学年的成长情况进行全程关注，力求在时间管理上不留死角；二是空间管理全覆盖——针对学校、家庭、社会三元生活空间和学校发展愿景及阶段目标，采取相应措施，力求在空间管理上不留盲点；三是校园管理全覆盖——构建从校长到学生的层级管理体系，涵盖时、空、人三元素，逐点进行观察诊断，逐项解决发现的问题，力求在人员管理上不出遗漏。我们在原有基础上，修订和完善了 17 项学校教育教学管理规章制度，如《学案导学精细化管理制度》《小班化作业布置精细化管理细则》《两只红笔进课堂管理细则》《2020 课堂教学模式管理细则》等，监控制度落实，形成运转机制，其精神内核是逐点优化管理细节，构建精细化管理体系。

二、回归本源，聚焦课堂，实现对课堂教学策略的领导

小班化教学的最终目的在于最大限度地提高教学质量，促进学生全面和谐发展，而课堂教学的实际功效，决定了教学质量的优劣，小班化课堂为我们实现高效教学提供了极大的可能。我们的做法：

1. 加强备课管理，奠定小班化高效课堂的坚实基础

备前测题目。具体做法是，教师根据教学内容的难易程度以及对学生学习经验的判断，在课前对前测题目做好设计，严格控制题目数量，在课前或课初实施检测，快速批改后决定当堂课内容的取舍：对 80% 以上学生已会的知识，教师完全可以不讲，直接进入预设的其他环节，20% 以下学生的问题可通过课堂或课后个别辅导完成。

备课堂学习指导案。我们通过观课和成绩分析发现，课堂上存在两种致命现象：一是提问缺少实效性。教师发问，学生集体作答，几个人的思维代替全班思维，课堂表面的繁荣掩盖了大部分学生存在的真实问题。二是练习不求甚解。教师将练习题以课件形式出示，题目闪过，答案说过，但难点、重点问题并没有解决。为此，学校明确要求将学习指导案设计作为教师必须准备也是重点准备的内容，同时也为“2020”课堂模式的贯彻提供了物质保障。一张 8 开的指导案纸，可以一举四得：明确本课主攻方向，提供当堂批改的载体，提供纠错的依据，为学生留下学习痕迹，同时巧妙地将部分课后作业悄悄前移。

备后测题目。建立每节课的检测题库，教导处组织实施，每天不规律地抽测 1 至 3 节课，检测结果当日反馈，提出改进建议。课堂后测以结果回溯过程，真实的数字可以真正促进教师进行自我反思。

2. 加强课堂教学研究，实现课堂教学功效最大化

构建“2020”课堂教学模式。对课堂教学“讲”与“练”的环节做出相应限定，在不同班级、学科和课型上，对课堂教学的前后两个 20 分钟进行合理调控，要求教师定时限讲，为学生节省练习时间，提高学生当堂识记效果。

20 分钟的讲课时间更多的是一个提醒，提醒老师们挑选精要的讲，抓住学生“愤”“悱”之处讲，当然度过这段转型期后，我们还得打破“定时限讲”的机械限制，给个范围即可。“定时”定多少，“限讲”限多少，由教师根据具体的学科内容而定，如此，课堂才会彰显出灵性，才会体现艺术性和生命力。

优化“两只红笔进课堂”批改反馈模式。一是教师红笔进课堂。课堂练习

中，教师现场用红笔批阅，随练随批，及时指导学生改正。二是学生红笔进课堂。学生所有的练习，只要出现错误，必须用红笔修改，教师不可直接指出错在哪一步，学生需自己查找，详细改正，要求教师必须以二次批改表和知识排查表为辅助，做最后的验收。

创设小组合作学习载体。课堂上以往存在的情况是，少数学生代替多数学生的思维，小组形成的见解很难得到清晰的表达，因此，我们将“小白板”引进了课堂。在小组合作学习产生需要时，每个学生都将自己的理解写到板上，同学之间展开思维交锋，形成一个或几个结论，交由授课教师批阅，完成合作学习任务。“小白板”集展示、交流、评价于一体，成为小组合作的有效载体。

3. 做细“知识排查”和“二次批改”，确保“日日清”

“知识排查表”在复习阶段可以发挥巨大的作用。学期末陆续进入复习阶段时，教师对学生的知识排查也要随即跟上，以确保“日日清”。“二次批改表”虽然是学校统一下发的，但我们提倡教师创造性地使用此表，有自己的标识、记号，不需要整齐划一，只求实用方便，每天随身携带，随口点出。“两表”现已成为教师每天离校前跟学生对话、“较真”的依据，切实能帮助学生完成“日日清”任务。

4. 加强教学视频切片研究，促进教师专业成长

我们坚持定期为每位教师录制课堂教学实况，按教学环节将每节课分成若干切片，第一时间交给教师。中层以上干部按学科分工，与教师一起，逐帧进行切片回放，开展深度解剖，定格诊断，微格分析，查摆问题。教师在规定时间内形成翔实的个人教学反思，针对课堂教学存在的问题制定改进办法，学校组织专家团队进行问题跟踪，帮助教师不断调整和改进教学，提高他们的专业能力。

三、关注个体，团队激励，实现对课堂教学氛围的领导

用团队精神引领学校前行。从 2008 年开展小班化教育实践研究至今，学

校每学期都提出一种价值观，并在全体教工中贯彻实施，成为每个人的共同追求，以营造优良的团队氛围。我们先后提出了“把过程做细，把细节做实，把小事做好”“每件事都会有一百种做法，要做就做出精品”“一个备课组就是一所学校”“一个人就是一所学校”“管理过程三个等于零：只开会不落实等于零，只布置不检查等于零，一百减一等于零”“落实，落实，再落实”“做事的三种境界——完成任务，按时完成任务，出色完成任务”“为自己鼓掌，为团队喝彩，为明天助威”“评价比要求有效，氛围比约束重要”等观点，形成教工的主流价值观，有效地规范和引领了每位教师的教育教学行为，用团队的力量，直面教学过程中的各种困难，实现了教学管理效益的最大化。

将关注个体真正落到实处。没有关注就没有教育。“小班化教育”使教学过程中每个学生受关注的时间、频度都得到大幅提高，特别是大班条件下难以展开的对“学困生”的关注问题，在小班化教学中得以迎刃而解。我们提出“以‘学困生’掌握程度为检测起点，不让一个学生掉队”“不比起点比进步，不比智力比努力”等口号。将每节课的跟踪目标紧紧锁定在“学困生”，包括备课中对他们的预设，授课中对他们的提问，作业布置时对他们的重点关注等。同时，我们规定：对“学困生”的作业必须面批面改；个别辅导批改能解决的，绝不大面积进行；批改环节做到讲必练，练必批，批必评，评必纠，纠必查，查必改。

让团队激励始终成为制胜法宝。教育不是注满一桶水，而是点燃一把火。各项活动的开展，一切载体的创设，我们都引入团队竞争的概念。比如，三分抽测、晨诵展示、晨练三部曲、行为点评台、“今日我领操”优秀领操员评比活动、小班化成长手册、学案展评比赛、小鲤鱼跳龙门、小博士闯关赛、金牌教练聘任，等等，一个不少地将每个学生纳入团队考核与竞赛中来。学与不学，学得怎样不再单纯是个人的事情，“为团队荣誉而学”成为我校每个学生的共识。团队激励使学生变被动学习为主动学习，变单独学习为合作学习，变无奈学习为愉快学习，变个人学习为互助学习，学生的学习行为悄然发生了改变。

我校2010届中考各项考核指标均位居全区前列，学校稳步进入西岗区“第一集团”行列。我们认为，坚持自己的，就是最好的。其实，我们的做法并不比别的学校科学或先进多少，只是我们在任务落实上更注重结果，更看重目标的达成，以各项工作的最后完成来检验和衡量一员负责制的实效。小班化教学领导过程并非一帆风顺，我们也曾遇到源于观念或习惯等方面的传统阻力，但面对困难，我们敢于较真，不折不扣，坚持不懈，持之以恒。我们的态度是：每一个步骤都要精心，每一个环节都要精细，每一项工作都要精品。近3年来，学校发生了令人欣喜的变化。在国家、省、市、区的各级比赛中，先后有108人次获得高层级奖项，荣获各种荣誉称号35项；教师参加教学大赛，有23人次获市级以上奖项；3年中学校连续获得“大连市校本研修先进学校”“大连市德育工作先进学校”“大连市巾帼文明先进学校”等称号；学校男子舞蹈队、男子鼓乐队、科技、体育等品牌特色已经彰显，各年级教学质量显著提升，各项评价指标均由3年前垫底的水平，迅速位居前列；3年来除本区域之外，有包括南京、北京、天津、丹东、上海等地区的15所兄弟学校来我校参观学习小班化经验，《人民教育》《中小学管理》《大连日报》等多家报纸杂志报道了学校的小班化教育和巨大变化。

梳理我们成绩取得的经验，那就是全覆盖逐点透析式管理、持之以恒的坚持、小班化教学合一的创新。各位同仁，“小班化教学”的研究与实践，使我们这样一所薄弱学校发生了巨大的变化，而且将继续影响和推动我校的可持续发展，让我们坚信“小班化教育”的魅力，它必将给每所研究和推动“小班化教学”的学校带来意想不到的惊喜。

众志成城

提早计划，精心布局，奋力求实

西岗区教育局2008年工作思路清晰明了，要求我们用科学发展的观念、统一的思想、求实的作风和良好的形象，以规范的管理和创新的理念，加强队伍建设，提高教育水平，为我们指明了本学期乃至本年度的工作目标和前行方向。围绕教育局的工作思路，我校及时组织干部教师，认真开展学习、领会和思考，对开学前的各项工作给予了高度重视和精心安排，确保新学期精彩开幕，为本年度各项工作打开了良好的开端。在此，我从三个方面把我校本学期开学前的相关工作向各位做以简要说明。

一、贯彻干部例会精神，抢抓一个“早”字

“东方欲晓，莫道君行早，踏遍青山人未老，风景这边独好。”我们深知其中“早”字的独到意境。

寒假里，主管教学的几位干部就多次到校，针对上学期我们在教学管理中存在的问题，研究制定了新学期“初三工作计划”“各年级教学计划”“小班化教学实施方案”等具体措施；对教研组长、备课组长新学期职责进行了重新修订；引入了“相对成绩”和“相对名次”的比较机制，在准确把握“前位成绩”和“后位成绩”的基础上，对学情分析形式和相应内容做出新的要求，为开学初教学质量有效分析奠定了坚实的基础。

寒假干部例会结束后，中层以上干部就提前上班，认真学习《教育局

2008年工作思路》及《督学室督导报告》，总结上学期各自分管的工作中存在的问题，找出学校实际工作与要求之间的差距，抓住学校工作的主要矛盾和薄弱环节，深入研讨新学期工作计划，统一了思想，提高了认识，为新学期各项工作的深入推进做好了充分的思想准备。

教师上班第一天，我们就结合上学期教师中17件真实的教育教学案例，面向全体教职工进行了透彻的剖析与分析，并将《七十一中关于规范教育教学行为补充规定》《七十一中教师劳动纪律补充规定》《七十一中会风要求补充规定》等规章制度交给教师广泛讨论，引领教师肯定成绩，反思不足，对照实例找差距，认真设计发展目标，使教师进一步明确了新学期工作要求和行为规范，教职工精神面貌焕然一新。

教师上班第二天，依据教育局下达的目标任务书，我们将责任目标层层分解，与初三全体教师签订教学质量责任状，同时，进一步明确了中层以上干部责任制，将干部按学科和年级做了详细的分工，并就问题年级、问题学科、问题教师、问题学生包干到人，制定整改目标，提出具体要求，使教学管理不留死角，在保证各年级教学质量齐头并进的基础上，确保初三质量实现突破。

上班第三天，我们就带领全校教职工，深入分析我校当前所面对的教育局面。大家认为，经过一个学期的努力，我们的教育教学都在较好的基础上取得了可喜进步，家长及社会对我们的满意度在不断攀升，但同时我们也面对严峻的挑战：学生减少，教师过剩，本学区学生外流，农民工子女增多，尖子学生缺乏，问题学生聚堆，这些问题的存在，已经危及我校的生存，发展之路更是任重道远。通过这样的引领，让全体教师保持清醒的头脑，进一步增强危机意识，统一思想，团结协作，共同寻求我校发展的有效途径。

二、关注师生习惯培养，力求一个“细”字

“精细”引发感动。2008年2月29日下午，新学期的开学典礼在庄严的国歌声中开始，在德育主任现场点评和值周教师对整个活动的总结中落幕。会

前，我们在干部中进行了详细的分工，对全体师生进行了具体的教育和要求，并对整个过程进行了详细的记录，教师们意气风发，在学生面前起到了良好的示范作用。全校学生自始至终安静有序，搬椅子上下楼行进间整齐规范，上台领奖的学生彬彬有礼、训练有素，使整个开学典礼庄重、热情、高效、感人。细致的要求，细心的布置，精细的检查，详细的总结，确保了开学典礼的实效，给全体教师留下了深刻的印象，让全校师生激动不已，为新学期开了个好头。

"精细"形成合力。2008 年 3 月 5 日，开学第三天，我们召开了"心手相牵，迎接明天"主题家长会。为了保证家长会的实效，会前专门召开了班主任培训会，下发了必讲的 8 项内容提纲，同时对课件的准备、班主任的着装、讲话内容及语气的把握、家长会的形式等都一一做了具体培训。全体班主任密切配合，使家长会获得圆满成功，得到家长由衷的好评。精心的设计和细致的安排产生了积极的教育合力。

"精细"生成智慧。在寒假作业布置这项工作中，全体教师通过集体准备开动脑筋，分层次多角度地为学生设计了科学有效的寒假作业。2008 年 2 月 28 日，学校排出课表，要求每位教师进入课堂，检查作业完成情况并现场答疑。当日，教导处抽检了各班三分之一学生的作业，一周后又检查了教师的批改情况。细致的管理促使教师思考、践行有效教学，由于学校布置细致、要求严格、反馈迅速，使今年寒假作业完成情况令人满意。《冬耕》就是初一语文备课组学生假期作业的成果，尽管印刷得不够清晰、文笔还略显稚嫩，但翻开首页，孩子们潇洒的签名可以看出那份收获的喜悦。

我在班子成员中多次渗透这样的观点：细节管理决定学校命运。管是为了不管。唯有秉持一种"细心""坚持"，才能真正达到"放心"的管理境界。扫地、问好、排队、着装……看似小事，但如果缺少这份细致，我们终将一事无成，精细的管理固然加大了我们的工作量，但却改变了师生的行为习惯，成效是明显的。

三、贯彻环形管理理念，落实一个“实”字

20世纪50年代，美国质量管理学家和统计学家戴明提出了一种全面质量管理理论，人们称之为戴明循环。它包括四个阶段：计划、实施、检查、处置。四个阶段构成一个循环，且都有明确要求：计划阶段要求制定方针、目标、活动安排、管理项目等；实施阶段要求严格按计划的目标和要求，扎扎实实地付诸实行；检查阶段要求检查执行的效果，并查明原因；处理阶段要求全面总结成败经验教训，形成标准化，使下一循环按标准化进行。

我们在新学期的教育教学管理中，引进并不断强化这一理念，在干部教师中达成共识，把每一项具体工作做实、做透，形成评价，深入推进。如班主任工作管理，我们改进以往的工作方法，计划出台后，相关部门组织实施，把重点放在检查和反馈上，针对布置的每项任务，按标准进行严格检查，看任务完成的时限和效果，看完成任务的先后和优劣，找出存在的问题，分析问题原因，以相应方式进行公布、反馈、总结，提出整改建议，把每项工作真正做实。再如大清扫工作，确定任务后，中层以上干部集中制定计划，将本项任务的所有环节进行细致分工，将所有干部教师分配到清扫的每个环节，明确责任，提出要求，对清扫过程加强管理，确保师生安全。在规定时间后，中层以上干部组成检查组，对全校清扫情况进行细致检查，评出伯仲，公布结果，提出要求，把这项工作抓实，引起师生高度重视。一段时间下来，全校上下对各项管理的思路和方法都有了清楚的认识和了解，一个“实”字深入人心、落在各处，提高了学校教育教学管理的实效性。

感谢局领导给七十一中提供的这样一个发言机会，感谢视导组对我校工作的肯定，感谢教育局各部门及各校以往对我们的关心和支持。我们深知，与优秀学校相比，我们的认识还很不到位，工作措施也相对简约。但这是一次自我剖析和虚心学习的机会，是又一次让各位认识和了解我校的机会，因此，我们诚心诚意向大家寻求帮助与支持。同时，我们将发奋图强，以我区教育发展规划为依据，以教育局2008年工作思路为指针，精益求精，务本求实，开创我校教育教学工作的崭新局面。

上下齐心，其利断金

——对七十一中不断攀升的教学质量的剖析

每次质量检测后，本着发现问题、调整思路、改进方法、促进教学的态度，学校不断完善成绩分析过程。现将我校质量分析的一些做法向大家做简单介绍。

一、质量分析的着眼点

1. 命题思路及导向性

每次测试后，首先进入分析程序的就是该测试的命题思路和导向性问题。对这一问题研究得透彻与否，影响整个成绩分析的实效。

2. 各学科每题失分的原因

得分与效果的关系是正相关，得分高，说明教学效果好，反之，表明教学活动有问题。因此，我们每次的成绩分析，都把失分情况作为重点，详细统计，认真分析。

3. 同一班级各学科间的差距及原因

面对同样的学生，学科间教学效果参差不齐，反映的不是学生的问题，而是教师的问题。

4. 每个学生的弱势学科及形成原因

学生偏科的原因很多，包括自身的努力程度以及教师的教学问题等，分析每个学生的弱势所在，目的在于让教师更加明确学生的学习需求，提高教学的针对性。

5. 加大相对评价力度，淡化绝对评价

成绩的绝对变化是我们每次成绩分析的一个方面，但我们更看重每个教师教学成绩的相对变化，只作绝对比较，不免片面，因此，我们把相对比较作为每次测试后成绩分析的一个重点，加大相对评价力度，淡化绝对评价。

二、质量分析的步骤与方法

我们根据学校实际，从校长、主任，到班主任、备课组长、教师个体分工负责，各自抓住一个侧重点，细致分析，层层推进，确保质量分析不流于形式，更有针对性，更具有说服力。

1. 校长抓住薄弱学科，重点分析尖子学生

（1）调阅试卷排查薄弱学科

调阅测试成绩在年级前 50 名学生的试卷是校长在考后必做的一项工作，据此进行成绩比对，找出进步或后退的学科，并做各科横向比较，明确每个学生的薄弱学科，分析造成薄弱项的原因所在，为每个学生“画出肖像”。通过对比跟踪前 50 学生的名次变化，从而寻找波动规律，求解关键问题。

（2）细致诊断排查薄弱项

排查完薄弱学科后，校长与教师共同制定有针对性的教学补救措施。具体地说是紧紧抓住薄弱学科，与该科教师进行薄弱项的排查，即确定知识缺失点，与任课教师联合诊断之后共同确定下一阶段该生必须通过的知识点，这也正是下一阶段教师要对其进行量身定做的集中训练的突破点。

2. 教导主任立足相对比较，进行全方位分析

简单地说，所谓“相对比较”就是每个年级、班级、备课组、教师个人及学生个人将本次考试作为后位成绩与其前位成绩之间的差值进行比较，形成相对名次，凸显进步幅度。如初一年级已经形成：入学摸底——上学期中——上学期末——下学期中——下学期末五次可跟踪数据，同时形成前后位成绩。

（1）以备课组为单位的相对比较

以平均分为例，通过前位成绩与后位成绩，分别计算出与区均值的差值。对比两次差值，得出本备课组在本次考试中的相对成绩。以 2008 年初三区模拟语文平均分为例：

	初二期末	初三区模
七十一中	111.4	102.3
区均值	115.1	107.5
差值	–3.7	–5.2
相对成绩	–1.5	
分析结果	初三语文备课组在本次区模拟考试中与区均值又增加了 1.5 分的差距，有明显下降趋势，待查找原因。	

注：每个备课组有 3 个子项，五个学科共 15 个相对成绩在进行对比后更有说服力，其他子项不再赘述。

（2）以班级为单位的相对比较

重点比较的是班级全科及格率的相对进步点、年级前 50 名学生数和年级后 50 名学生数在各班的分布比例，以及与前位考试成绩差值的数据分析。除此之外，各主任还比较各班级的优势和薄弱学科及各学科边缘生的分布状况，给班主任和任课教师的分析提供更为具体的数据。这样做的目的，在于让班主任和任课教师在日后的教学中能有的放矢地抓好目标生及薄弱学科，为提高年级的整体成绩奠定基础。

（3）以教师个体为单位的相对比较

我们改变以往只就本次考试成绩进行排序比较的办法，把该备课组每位教师两次成绩的差值所得的相对成绩进行比较并排序。由此得出这样的结论：往往本次成绩排名在后的老师其相对成绩并不一定靠后，甚至截然相反。这也正是该备课组在区里排序进步的真正原因。以我校初三（四）班数学教师王玉斌在市一模中的平均分成绩为例：

班级	教师	区模	名次	市一模	名次	相对成绩	相对名次
3.1		108.1	1	113.5	1	+5.4	1
3.2		82.3	4	82.1	2	–0.2	3
3.3		84.5	3	81.7	4	–2.8	6
3.4	王玉斌	72.7	6	75.4	6	+2.7	2
3.5		84.7	2	82	3	–2.7	5
3.6		81.6	5	79.8	5	–1.8	4
分析结果	1. 从绝对成绩看，3.4 班为第六名，但在相对成绩比较中为第二。 2. 本次初三数学组在区里排位由上次的第九位提高到本次全区第六位，王玉斌老师做出了贡献。						

如果看绝对成绩，王玉斌老师不会成为成绩分析会上表扬的对象，但这种相对比较法给半路接班的王老师以更加公正科学的评价，所教班级成绩一路攀升，逐渐接近组内其他教师，对其他教师也极具挑战，形成了良好的齐头并进的竞争势头。

3.4	初三上期末	区模拟	市一模	市二模
王玉斌	72.68	72.7	75.4	88
相对成绩	（61.5）+11.18	+0.02	+2.7	+12.6
分析结果	4 次成绩得出的相对成绩显示该教师所任班级成绩一直处在稳步上升状态，为全校平均分的提高做出了贡献。			

以上是王玉斌老师在相对比较中稳步提高的四次成绩汇总。

（4）以学生个体为单位的相对比较与知识点排查

第一，教师对所任班级学生进行成绩跟踪对比。教师向学校提供进步幅度大的学生名单，且为每名学生建立成绩变化跟踪档案。这种对学生成绩的相对比较，极大地调动了学生的积极性。

第二，教师根据成绩对优秀和及格边缘学生进行知识点排查形成档案。同时要求学生进行错题积累，与教师的个别辅导补差双向碰撞，以形成教与学的合力。这样做的最大好处是使教师的辅导更有实效性，更能结合学生的实际需要，发挥学生学习的主体作用。

3. 班主任分析问题学科和问题学生

（1）分析问题学科

同一班级各学科如果出现较大差异往往是不正常的，年级主任将各班的优势学科及弱势学科数据及与上次的比较变化情况详细地提供给班主任，要求班主任就这一数据大做文章，在二次诊断会上发挥首席教师作用，引导科任教师展开讨论，开诚布公地查摆问题，深入分析形成原因，制定出相关调整措施。

（2）分析问题学生

统计全班每个学生的成绩，并与前位成绩作比较，明确每个学生的变化。找出每位学生的薄弱学科，确定班级问题学生名单。学校牢牢盯住单科不及格学生，将这一艰巨任务交给班主任，便于班主任在协调辅导时间、关注学生细微变化、密切家校联系上更好地发挥优势。

4. 备课组组长分析小项得分和薄弱教师

对备课组的质量管理，学校强化三个意识：一是一个备课组就是一所小学校；二是备课组组长是第一责任人；三是关注团体成绩，淡化个人名次，否定悬殊差异。在校质量分析会后，班子成员根据学科包干进入组内，参加由备课组组长组织召开的组内分析会。

（1）分析小项得分

第一，分析备课组与区均值小项得分的差异。面对这一差异，备课组重点反思前段时间在教学重难点的把握、方向的准确性，以及对教研员指导思想的领悟上是否出问题了，需及时调整。

第二，分析各班在各小项得分上的差异。面对这一差异，备课组组长引导教师切实从教学常规的落实上查找问题，适时地出示学校检查的过程材料，让教师在差距面前认领问题，心悦诚服地接受。（补充说明，组内分析会前教导处先召开备课组组长准备会，出示学校对批改、辅导、听评课参与度、调查问卷等过程检查材料，再培训组长并通过他们的嘴反馈总结出来，这一方式的改变既降低了重心，易于教师接受，又提高了组长的组内威信和参与学校管理的责任感，可谓一举三得。）

（2）分析薄弱教师

根据不同班级的基础，比较每位教师的教学成绩，淡化成绩的先后，重点看相对成绩，看相对薄弱教师的成绩走势，与教师一起分析并列出教学过程中存在的问题，进行问题确认和认领。

5. 任课教师分析教学得失

（1）做好失分统计

在我校每次大考批卷之前，每位教师做成绩预估是必做的一项工作。质量分析之前教师做实际成绩与预估成绩的差值统计也是必做的一项工作。尽管是两张小小的表格，却细化了质量分析的环节，无形中让教师不得不认真翻阅试卷、了解失分情况，再就本班总体情况，做好每道试题的失分统计，越详细越好。这一环节我校要求不得让课代表替代，必须由教师本人完成，对于 30 人的小班化班型，这并非无理要求。

（2）做好知识点排查

知识点排查的对象是优秀边缘和及格边缘的目标生，以初三市一模为例，对优秀分数、及格分数下两档学生进行逐题排查，下浮一档的目标生是重中之重，二档次之，列出表格制定出下一阶段的过关内容。

6. 学生分析出错原因

（1）分析各科出错的原因

在任课教师带领下，查摆问题，分析出错的原因：是马虎？是审题不清？还是知识点不会？写出错误说明书并认真改正。

（2）分科做好错题积累

要求学生每次测试后，把错题认真整理，单独存放，教师结合学生做出的知识点排查，定期就错题对学生进行单独检测。

绝地反击，打好中考“漂亮仗”

刚刚毕业的这届初三，是我校近年来综合素质较差的一届。升入初三时，200 分以下学生高达 35 人，英语及格率仅为 37%，多项指标位于全区末端。面对如此学情，我们向全校师生阐述了我们所面对的困境，以“冲出低谷、重获新生”为奋斗目标，形成了“全员参与、跟踪过程、及时反馈，迅速调整”的工作思路，在激发师生激情活力、实施以校为本的管理策略两方面下大气力，为中考取得佳绩奠定了基础。现将点滴做法做如下交流：

一、全校联动，齐抓共管，焕发师生激情与活力

1. 打破界限，人人参与，实行责任包干制

我们打破年级管理界限，动员所有可以动员的人员，在后期的教学中，全线压上，力保初三。根据班级特点和干部的专业优势，实行干部包班级、包学科、教师人人包学生制度。校长、书记带头，班班有人管，科科有人问。以小班教学为有效载体，加强课堂教学中教师对每个学生的关注，同时将边缘学生名单，按学科分到每个教师手中，提出跟踪辅导具体要求。针对英语、物理和语文学科难点，设立“百分百”过关项目。将英语基础部分单词、短语、重点句整理出来，按计划逐日过关；物理学科根据近 5 年的中考题，统一组织轮回考试，以“你是如何得出这个答案”为检验手段，确保学生对知识的真正掌握；针对学生作文的实际水平，校领导牵头，教师全员参与，为每个学生分析、修改四篇文章，加强作文迁移指导，确保学生作文得分率；同时制定背诵默写计划、课外阅读“日过关计划”，史地政生教师及校医也都参与其中，利用中午、傍晚等课余时间，带领学生逐一过关。

2. 正面引导，凝聚士气，树立师生自信心

为鼓舞士气，我们将全区各校的成绩向师生公开，明确我校的提升幅度和上升空间，明晰自己所处的位置和努力方向。在各种信息传递中，教师们看到了学校实现目标的曙光。我们深知“一鼓作气，再而衰，三而竭”的道理，抓住师生信心倍增的有利时机，广泛宣传我校管理方面的有效办法和措施，让他们真切地看到我校与名校的差距在迅速缩短，让他们坚信取得成绩并非高不可攀。同时，我们及时组成初三备战中心组，调集初一初二的优秀教师直接参与集备和配题环节，邀请市、区教研员到校，完善复习计划，明确复习方向，一系列有效做法,鼓舞了士气,凝聚了人心,为中考冲击理想目标做好了充分准备。

二、科学设计，有效干预，强化环形封闭管理

1. 立足校情，精心设计，凸显教学管理实效

加强对师生“教”与“学”两个环节的有效干预是提高初三教学质量的关键，根据校情，我们强化教学环形管理。以晨练三部曲、晨读抽测为起点，以定时限讲、两支红笔进课堂、课堂前测与后测、学案导学为过程，以二次批改、知识排查、三分抽测为课堂教学的延伸与保障，在课堂教学、辅导批改、作业布置、时间管理等方面，形成了符合校情的管理制度及管理风格，保证了初三教学及总复习的有效进行。

2. 狠抓落实，务实较真，强化环形封闭管理

其实，我们的很多做法与兄弟学校大同小异，只是我们在任务落实上更注重结果，以各项工作的最后完成来检验和衡量一员负责制的实效。推行过程并非一帆风顺，面对阻力我们敢于较真，坚持不折不扣，我们的态度是：认准了就做，要做就做彻底，百分之九十九等于零。我们深刻感受到操作层面的坚持不懈是最重要的。

成绩的取得，得益于以下几点：

第一，抓过程管理。过程体现细节，细节决定质量。管理措施越具体，越

细致，教学质量提升就越快。把过程做细，把细节做实，把小事做好，加强总结反馈，这是我们的有效做法，也是教师最为在乎的管理方式。

第二，抓工作落实。再先进的理念、制度和方法，落实不到位就如一纸空文，我们的口号是：落实，落实，再落实，布置不检查等于零，开会不落实等于零，一百减一等于零。

第三，抓习惯养成教育。抓习惯就是抓师生的精、气、神。我们高调赞美师生中的典型事迹，以每日行为点评台、优秀领操员展示等为载体，通过取消流动红旗、设立自管日等举措，大胆尝试自主管理，践行赏识教育，将师生的精力和注意力牢牢聚焦在紧张的教学与学习中，收到了良好的效果。

潜心管理求实效，凝神聚力谱新篇

2013 年中考，我校成功地走出质量低谷，取得了理想成绩，为学校良性发展提供了有利的环境与氛围。回首去年的初三工作，学校以“潜心管理求实效，凝神聚力谱新篇”为奋斗目标，将初三教育教学管理放在突出位置，科学规划，狠抓落实，向管理要成效，向课堂要质量，取得了一定的实效。现将点滴做法简要介绍如下：

一、向管理要成效

1. 认清形势，明确打法

上届初三，师资力量相对均匀，个体差距不是很明显，但骨干教师力量不足，除数学学科外，其他学科都缺乏领军人物，依靠能手带动他人有些勉为其难，个体单打独斗更是行不通，发挥团队优势，打团体仗才是我们唯一的选择。鉴于此，初三团队提出了“责任即担当”的口号，积极营造团队氛围，减少冲突，杜绝内耗，用团队的力量，克服初三教学过程中的各种困难，实现效益最大化。

大循环的人事安排使初三团队必然良莠不齐，说心里话我们很矛盾，也很纠结，但我们认为，最好的培训是岗位实践，最好的鼓励是支持信任。最后决定，原初二教师一个都不少地全部上初三，包括毕业仅仅一年的年轻教师，这一安排不仅调动了教师本人，也极大地激励初三团队。实践证明，他们非常珍惜这难得的机会，表现出了极高的工作热情，可见，凝聚人气，引领士气至关重要。

2. 坚持五个每日必做

（1）每日必问

校长对当天工作的过问。每天下班前校长亲自召开主管初三工作领导碰头会，碰头时间不固定，间隔时间也或长或短。过问内容包括当日听课情况、各项检查情况、突发事务的调整干预情况等。

（2）每日必查

上一层级对下一层级工作的检查。包括校长查干部，干部查教师两方面。

（3）每日必听

干部深入课堂听评课。我们科学规划每日工作，指导干部们将一天的诸多工作合理排序，首先要做着急的事，其次做重要的事，最后才做常规的事。对于我们来说，每天最重要的事就是走进课堂，特别是走进初三的课堂，因此，我校严格规定全体主管教学的领导每天第一、第二节课必须放下一切事务性工作走入课堂听评课。

（4）每日必督

对薄弱学科化学组的关注。该备课组虽然人员充足，但教研风气寡淡，研讨能力不高，课堂重点把握不住，无效时间浪费严重，我们要求该组教师每日上传教研员或学校相关学案及每日一测的配题，一式两份，至少提前两天，把关质量，经修改允许后方可印制使用。其目的是争取专业支持，避免走弯路，保证课堂高效。

（5）每日必测

每天的知识检测过关活动。坚持进行每日的晨读抽测和二次过关，以保证语文、英语基础知识日日清。同时增加薄弱学科（化学）的每日一测，每日一测不超过 10 分钟，当天中午前批阅完毕，以保证下午四点半辅导时能够一对一地二次改过。

3. 科学管理辅导环节

（1）科学管理辅导时间

每天下午必须保证学生拥有一节课的自习时间，此间任何教师不允许进入教室。每天四点半是雷打不动的一对一辅导，此时全体教师离开办公室，全部进入走廊一对一辅导桌前，逐一进行问题解答和二次纠错。辅导时坚持配用好二次批改表和知识排查表。

（2）科学管理辅导对象

实行目标生优先政策，即时间有限的情况下，必须向目标生倾斜，严禁平均分配时间。实行边缘生盯人策略，对其严防死守，对他们实行三必，即试卷必批、二次必改、当天排查必过。

二、向课堂要质量

在打造初三高效课堂、追求复习课效率最大化的过程中，我校牢牢抓住课前、课中两大环节，明确提出“实备、精讲、勤练、细批、严考、真评”的总体要求。

1. 管好课前

提高初三课堂实效，充分的课前准备是必不可少的。初三教学是让学生在学会的基础上提升。避免知识再现，追求知识再认过程，从而达到追根溯源，螺旋循环上升的目的。为达此目标，我们提倡教师一定帮助学生“关注方法、提炼规律、寻找窍门”，狠抓备课环节的管理，要求备课必须严守以下几点：

（1）备规律与重点

面对三年纷繁复杂的知识点与有限的课时之间的矛盾，要求教师备课做到重点与难点少而精，不求面面俱到；研究学生学习中的困难，抓住一点，提炼规律，配套题型，一练到底。如语文复习打破教材体系，按照中考知识点进行块状推进，教材中的课文作为突破知识点的优秀课例出现。聚焦高效课堂，实际上就是聚焦高效学习问题，为此，学校调整评价方向，教案检查关注两备中是否有方法及规律的提炼，学案检查中关注是否有学法的指导，后测时淡化具体考题，侧重规律、重点及注意事项。

（2）备中考知识点

各备课组一直在做的一件事就是排查中考知识点。将中考知识点分解对应到每堂课，“考什么就讲什么，讲什么就练什么”，在备课过程中将知识点科学安排，将考点落实到每一节课的每一个题型、每一道题中，配题练透，直击中考。

（3）备前测题目

具体做法是，教师利用学习指导案在课前对前测题目做好设计，快速批改后决定当堂课内容如何取舍，或对 80% 以上学生已会知识，教师完全不讲，或对 20% 以下学生的问题通过课后个别辅导完成。

（4）备课堂学习指导案

学习指导案已经成为初三课堂必备的学习载体，此项设计作为课前必须准备也是重点准备的内容，同时也为“20+20”课堂模式的贯彻提供了物质保障。如今，学习指导案经过几年有质量的传承，已经形成校园内部网试卷题库中丰富的资源，为初三备考提供了强有力的支持，教师们受用其中，成为我们七十一中初三教学的一个特点。

2. 管住课堂

（1）灵动策略呈现多彩课堂

17 项大平台小班化策略助推我校课堂教学的变革，也成就了我们特色目录学校的实现。2013 年的初三工作让我们充分感受到，在初三的课堂中，使用效果最好、实用性最大的策略是两支红笔进课堂、限时小闹钟、助教式教学、课堂前后测。两支红笔进课堂、课堂前后测这两种做法以前介绍过，这里不再赘述。

限时小闹钟是指为了提高教师单位时间内的训练效率，避免前松后紧或前紧后松，只要学生动笔就必须进行限时约定，闹铃时间一到，要求学生立刻停笔。此做法提高了学生习作时的紧张状态，同时也有效地约束了教师的随意性，保证课堂块状推进，流畅有序。

助教式教学主要是在英语和数学两个学科进行，采用同备课组两名教师同时上课，互相结对，互助教学的形式，一位是主教，一位是辅教。为了保证助教教学的效果，学校采取捆绑式团队评价形式。助教式教学在其他学科的运用主要表现在日常推门课和三同三异课时，同备课组教师听课的过程就是助教的过程，要求教师听课必须进入学生小组中，一人负责一组，听助同行。

（2）初三课堂更应具备学习者课堂的特点

有人说：初三课堂进行小组合作，那不是耽误时间吗？其实不然，只有教师的苦口婆心、口干舌燥是解决不了问题的，采用小组合作教学形式，让学生动起来才是教学成败的关键。因此，我们下决心调整教与学的双边关系，要求教师每节课进教室前提示自己一句话：变"我要教会学生什么"为"我将怎样教学生会学"。前者在"教"上下功夫，后者在"学"上做文章。实践证明，谁用好了小组合作教学，谁就一定赢得较好成绩，徐琳等教师的成功经验让我们坚信这一点。

（3）创新"三同三异"，换个视角反思课堂

"三同三异"课堂是指"同课异构""同班异课""同人异时"。

"同课异构"是指在同一备课组内开展的组内诊评活动，具体操作如下：第一节课由备课组组长率先试上；第二节课全体组员及校领导共同议课，查找问题，快速调整思路，整改课件以及学案；第三节课进行整改一课；第四节课进行整改二课。课堂教学是不可逆的，此做法将失败课可能造成的损失降低到最小，让教师在真实的课例面前看到整改后的变化，看到集体智慧的结晶。

"同班异课"是针对同一班级、同样群体而开展的不同学科自我反思活动，是针对教师一味地强调生源状况，不去认真反思自我因素，而展示的对比课堂。一方面使不同学科教师在不同的学生反应面前进行自我反思，另一方面文理科不同的看课视角也帮助教师跳出固有的思维审视自己的课堂，留下耐人寻味的

思考。

“同人异时”是指对骨干教师或薄弱教师进行的连续跟踪诊评活动，或示范引领或硬性提示，从而达到辐射影响力。学校每日坚持开放“三同三异”课堂，校领导及专家组成员全程跟踪，配以课堂观察，当日反馈，及时整改。

“三同三异”课的真正目的在于为教师创设主动发展的载体，激发自我改变的强烈欲望，帮助教师换个视角反思教学，促其快速成长，同时为同伴互助的团队成长氛围创造了条件。

（4）补差主阵地在课堂

初三在进入百日冲刺之后，时间紧，任务重，课后补差能够解决问题吗？反复论证后，我们向教师明确提出：补差的主阵地就是课堂，而不是课后。补差，首先是“治懒”，包括思维上的懒和练习中的懒。针对以上情况，采取如下有效的措施：

一是在课堂中加强“快速提问”，增加提问的密度和频度；

二是加强小组合作教学，通过异质分组，提高关注度；

三是课堂作业堂堂清，教师严格监督，不给学生抄袭的机会；

四是教导处加强巡课检查，并进行及时反馈。

他山之石

回味·品读·品悟

——赴南京参加长三角小班化交流研讨会有感

在2009年初冬这个沉淀收获的季节，我有幸与西岗区同行一行近40人来到六代古都南京参加了长三角地区第五届小班化教育教学研讨交流活动。为期4天的活动内容充实而厚重，形式灵动而多彩，细节精致而高效，整个活动就如一堂精致的小班化课堂，令人惬意舒适。回味4天的活动，品读过程中的点点兴奋与阵阵感动，感悟颇多。

回味一组组镜头，我记下了什么

镜头一：本次南京之行给我留下印象最深的莫过于南京二十四中学一位普通的班主任——史箐。至今回忆起这位黝黑健谈的小伙子我还是兴奋不已，我为这个年轻的班主任真正在做事业、真正是一个合格的育人工作者而击节叫好。我记下了那个救助本班白血病女孩的故事；我记下了他精心设计的如虎凤蝶行动等一个个成功的实践活动；我记下了史箐老师为孩子们精心准备的投篮比赛；我更是在深深的感动中记下了他站在队伍最前列与孩子们共同参赛的勇气与英姿以及象征胜利的一个个红护腕；我记下了他一一闪过的为每个孩子建立的照片档案和班级3年走过的足迹，也正是这些珍贵的照片挽救了本班一位患白血病的女孩。正是这位80后的班主任信手拈来将80多张照片发到网上，换来了南京的母亲乃至全国的母亲的共鸣与感动，中国第一例民间捐助活动轰轰烈烈地展开了……

匆匆一小时的介绍，实在记不下太多，但有一点令我铭记——如此有心，如此用心。小班化教育不正需要这样的老师、这样的情怀吗？

镜头二：临走前的那日下午，在西善桥中学听的那堂英语课让我记忆犹新、兴奋不已。小白板在这个教龄仅 6 年的小老师手中简直用活了，课堂上 3 次使用小白板，巧妙而科学地成为小组集智——教师评价（第一次），小组互助——组组互评（第二次），小组合作——大家共评（第三次）的载体。在仅仅 3 分钟的时间内，5 组学生分别设计出图文并茂的展示板，从每一个孩子真实而丰富的表情中，我们感受到小白板的妙用，感受到小班化课堂独有的魅力。小白板真的可以写出大文章，谁能说小白板只是理科课堂的最爱？这堂难忘的英语课让我记下了小白板的实效与方便，也同时记住了这位小老师的智慧与可爱，更看到了西善桥中学小班化课堂的有模有样，形神统一。

镜头三：无论是下校考察时聆听校长的介绍，还是大会的一部分——现场的高端论坛，面前的每位校长面对参观者如数家珍、侃侃而谈、妙语连珠、神采飞扬，这是一份果敢，也是厚积之后的薄发，每个人都是面对 PPT 文件脱稿介绍，驾轻就熟，极其洒脱自信。我记下了每个人眼中流露出的对教育的执着与热爱，记下了西善桥中学高校长临行前晚上 9 点多在宾馆大厅里谈论小班化时那兴奋的表情，从中我找到了答案——做真实的事、真实地做事。

品读其中的内涵，我读懂了什么

4 天走入 6 所学校，目光所及，亲耳聆听了许多耐人寻味的我认为很有道理的话语，摘取其中一二，用心品读，深深自悟。

品读一：在第一天下校考察时听到一位校长说过这样一句话：一个爱生活的老师一定会把这种爱传递给他更多的学生；一个爱老师的学生一定会用这种爱去感染更多的生命；一个充满爱的校园一定会创造更多生命的精彩……

我读出了这位校长追求精致教育的情怀，教育的实质就是帮助生命绽放精彩……2001年，南京开始研究小班化教育，至今已经辛苦地走过了8个年头，走过了一条从粗犷到精致，从精致回归自然的探究之路，也许给生命足够的尊重，给生命以更多的重视才是原本的教育。

品读二：记得南京二十四中吴虹校长说的话：今天的学生需要什么样的教师？今天的教师需要什么样的领导？没有教师的快乐就没有学生的快乐，没有教师的成长就没有学生的成长。

从中我读出了这位校长基于教师、基于学生的服务意识，我想唯有这种胸怀，校长的一言一行才能真正让教师、学生因自己的存在而感到幸福。反观自己，做到了吗？

品读三：南京二十四中史箐老师在汇报中说过：我将我班的班徽定名为"蝴蝶精神"。其含义理解为："我们不一定是飞得最高的，但一定是飞得最漂亮的！"他还说："无论什么样的集体，一定要让孩子们尝到一次第一的滋味！特别对于普通班的学生，学校的活动是最好的机会。"

西善桥中学李亮亮是一名教龄仅4年的年轻班主任，他在博客中这样对自己说："不要忘记自己曾经是学生，这样，你才能理解学生，才能体会到学生内心世界的真实想法。"以下这些话是他的内心独白："让黑点也成为美丽图画的一部分；用'对话'走进学生的世界；不怕学生有缺点，就怕学生没特点；要想改变学生，必须要让他的心灵受到震撼；长大后我就成了你；爱，要大声说出来。"

认识了史箐和李亮亮是我此次南下的最大收获，面对众多参观者，两个小伙子完全脱稿，滔滔不绝，自信而不张扬，和善而不卑微，其分寸尺度拿捏得恰到好处，大有久经沙场的大将风范，令我们折服。尽管两位班主任风格各异，但有一点却出奇的一致，他们在小班化探究之路上共同总结出教师的三件法宝：那就是相机，捕捉成长的每一个瞬间；手机，短信传递每一份真情；网络，留下成长的每一个足迹。三件法宝成为小班化班级建设的有效载体，构思巧妙，操作简单，意义深远。有人说：一个好校长就是一所好学校，可我要说：一位好的班主任可以创造并生成良好的班级文化。在一个个独具特色的班级文化的基础上不难形成内涵丰富的学校文化，小班化班级建设激活了，自然会形成小班化氛围下的班级文化，我们欠缺的是什么？是优秀的班主任，还是展示的机会？抑或是校长的理念？

品悟四天的收获，我学到了什么

品悟一：做校长已经有两年了，最近总有这样的感受：忙碌让我理不清头绪；沟通，让我总是很疲惫；方向，让我一直在寻找。如何让学校在原有基础上提升、发展？让今后前来七十一中的参观者看什么？还是这些“小米加步枪”的原始材料？如何引领学校由追求管理的实效性向管理的科学性迈进？这一直是萦绕在我脑海的难题，没有答案，却挥之不去，这次的南京之行，我终有收获。听过南京二十四中吴校长的汇报，便可以知道信息化能改变什么。它可以改变我们的思维方式、工作方式、管理模式。此次，我目睹了该校的一整套管理平台软件、成绩分析软件，科学实用，便于操作，创新前卫，让所有与会者眼前一亮……信息化的运用让二十四中实现了新的跨越，教师从平凡走向优秀，唤醒了教师的主体意识，改变了教师的工作状态，锤炼了教师的教育思想，拓展了教师的生存空间。教育叙事平台、爱心博客、现在即在线等形式让教师们徜徉其中。当我们还在满足于过程材料的充实、真实，陶醉于过程检查的及时、精细之时，南京的小班化学校又为我们带来了清新的空气和更加明媚的阳光，我愿意汲取、分享，更促使自己推陈出新、求变创新，担当起西岗区小班化实验点校的重任，踏实前行，走出一条创新发展之路。

品悟二：2009 年 11 月 27 日上午的高端论坛和专家报告可谓高潮迭起，令人回味，许多来自一线校长的观点及做法切中要害，直击主题，让人折服叫好。华东师范大学吴永军教授的关于小班化的专题报告更是耐人寻味，整个报告不空泛，不脱离一线，操作性强，使用价值大。特别在讲到“小班教学回家之路”时，他认为：“在学习好经验时，许多学校只重形式（技术、技巧）而不能把握实质。尽管目前我们也强调小班教学在‘技术’层面上的落实，但是，建构小班课堂，应当超越技术，超越课堂本身，综合地考虑问题。”

由此，我在想：一切教育问题实质上就是教师问题。教师发展是学生、学校发展的前提和基础，因此，小班化教学为求可持续发展，必须花最大的力气抓好教师发展这一战略战术问题。

他还提出：“而教师专业化发展也不仅仅是‘技术’问题，教师专业化发展最根本也是最重要的应当是‘德性维度’的发展，即教师在长期的教育教学实践中逐步形成的高尚的道德和精神品质。其中爱与关心、责任、公平公正、幸福感等是核心要素。”

作为正致力于小班化教学研究的我们意识到这一关键问题了吗？是啊！教师专业发展中的德性素质是教师在长期的教育教学实践中逐步锻造而成的，它的形成与发展没有捷径可走，不可能像专业技术那样靠操练达致“熟能生巧”，也不可能通过一些“关键事件”（如小班化公开课、赛课、论文比赛等）一蹴而就，更不可能指望写几篇可以发表的论文而功成名就。教师的德性素质只能在日常的、平凡的、具体的、日积月累的“小事情”中冶炼锻造，舍此别无他途。因此，广大小班化教师不仅要“身处教育情境”，更要用心、用整个身心去深入体验教育生活，关注具体教育情境中具体孩子的具体体验、感受、困惑、烦恼以及心灵深处的悸动，并善于和勤于反思，寻求合乎德行的、合理的解决问题的手段和方法，我想这相对于大班似乎更有条件做到。

这次会议给了我们能够做、怎样做的信心，给了我们激情，更给了我们想做好、可以做好的动力支持。有一种“听君一席话，胜忙多年活”的愉悦，让我坚信：在辛勤的小班化教育研究之路上，我要珍惜一切，等待小班化春天的到来。

东瀛之旅，一生难忘

——赴日考察学习感悟

2008年11月23日至28日，由西岗区区委宣传部王有磊部长、西岗区教育局李生滨局长为团长，教育局相关人员、中小学部分校长、优秀教师代表为团员的一行14人组成的西岗区教育考察团，赴日进行了为期6日的教育考察访问。整个过程紧锣密鼓，行程安排紧凑，先后访问了花卷市花卷小学、花卷幼儿园、汤本中学校、汤本小学校、花卷东高等学校、综合教育中心6所学校，同时到花卷市政厅拜访了市长及其他官员。

一、再现温馨场景

日方的接待及安排可谓细致周到。在由东京前往花卷市的途中，日方教育委员会的接待人员提前在仙台上车与我们会合，让我们提前感受到日方的热情。刚下新干线，教育委员会会长及工作人员亲临车站迎接，并陪同我们前往驻地。

一进房间，在桌子中央，市长的亲笔信和具有地方特色的小吃便映入眼帘，市长先生的问候让我们倍感亲切："热烈欢迎日中友好大连市西岗区教育考察团！""日本考察怎么样？""今天请大家好好休息吧！""请品尝我为大家准备的花卷市自产的苹果汁。"

当晚，花卷市教育委员会为我们举办了欢迎晚宴，晚宴上双方局长分别致辞，中日双方全体人员相互交流，互换名片，气氛热烈，双方代表各自献歌将晚宴气氛推向高潮。

接下来幼儿园、中小学校的考察访问安排得紧张而有序。每到一处，日方从欢迎牌的设置、会场的布置、环节的安排、礼品的互赠、情况的介绍、意见的交流等都做了精心设计。考察学校设施时，相关人员做详细介绍和演示，不厌其烦地回答相关提问。

期间，受到花卷市市长大石满雄先生及市政府相关人员的热情接待，在整个访问期间，花卷市教育委员会会长及相关人员全程陪同，从而确保了整个考察活动得以顺利进行。

离开前晚，市长先生设宴并亲自参加了欢送会，席间双方其乐融融，彼此畅谈交流，语言已不是我们之间的障碍，大家相互话别，言谈间尽是依依惜别之情。

二、考察感悟思考

1. 市民谦恭有礼，环境整洁有序，折射出日本国较高的人文素养

无论是漫步街头，还是移足校园，除了语言的陌生感，全然没有他乡的感受。校园里孩子们声声亲切的问候让我们仿佛触摸到一颗颗纯稚的童心；廊厅里老师们一个个诚挚的笑颜让我们似乎淡忘了自己来自于异国；政府所派出的迎候人员严谨、谦和的作风再次让我们感受到社交中规范标准的礼仪。

在日本的课堂没有看到时尚统一的着装和整齐划一的坐姿，在日本的街头也很难看到维持秩序的警察或者协管，但是规矩已经深入人心，任何人都不会逾越半步。傍晚时分漫步于街头，偶见公交站台候车的路人自觉地站成一竖列，相邻两个人之间很自然地留有大约容下一人的间隙，三个站台相邻很近，约隔5米左右，而候车的人也就随之而成三路，此状，国内鲜见。人抑或车辆，都严格遵循红绿灯的指令，哪怕没有阻隔也很自然地等候；不小心在绿灯闪烁时开始过马路，心情很紧张担心旁边的车辆会鸣笛催促，然而，那些车辆纹丝未动，待我们全部穿过才开始启动，再次慨叹其国人的素质。

学校也是如此，每所学校都有自己的规范和程序，而所有的教师和学生都很自然地维护并遵守。不需要外力去强求，把自己作为主人自动自觉地融入其

中，仿佛进入自动化程序，一切按照无摩擦状态的惯性前进。

2. 内涵朴实有道，关注人文个性，体现了日本教育的丰厚务实和育人功能

体现在以下三个方面：

（1）重人本、讲发展

花卷小学校只有 317 人，但却珍视每次谋求发展的契机。还记得刚刚踏入他们校园时给我们表演舞蹈的孩子们，尽管动作不是很规范，但是每个孩子都很开心、很投入，二年级的全体孩子都参与其中，从这个环节的组织和设计足以体现办学者的理念——关注人本，谋求发展。让每个孩子参与活动本身就是对人性的尊重，而活动的过程恰恰是习惯和品质潜移默化生成的过程。

对学生的培养，学校依托社会和家庭资源，但绝不依赖家庭。花卷小学校对家长的要求是稳定自己的情绪，好好听孩子们说话，帮助孩子养成简单的生活习惯；对社区的要求则是举行各种活动便于学生参加。日本教育目标中有这样一条，就是对生命的敬畏，此行让我真正理解到这句话的含意。

（2）重实际、讲实效

汤本小学校是我们参观的最后一所小学，也是印象最深的学校。尽管全校只有 324 名学生，但教育的成果不容忽视。礼堂里汇报展演的学生，排着很简洁的队形，两脚分开，左右微晃，穿着极为普通，没有我们国内学校迎宾时的盛装，但合唱表演时发出的声音却极为专业，平日之功顿显。一个方块队分成四组，分别吹奏四首曲目，最后合唱，平实中透出一种朴素的睿智。

参观的学校中，无论幼儿园还是小学，乃至中学，很多水龙头上都绑缚着一个网兜，内装洗手的香皂，简单实用。走廊一排排挂钩，学生的学习用具和棉衣逐一排列，教室内的空间则完全服务于教育教学。学生习字的作业，每份都附着其上便于对比；学生阅读书目的名称和本数也以一种字条的方式用表格方式呈现出来。一切从学生实际出发，一切服务于教育教学，真正体现出了形式服务于内容的主旨。

汤本小学校的校歌、校训总是以最简单的方式呈现于学生随时可见的空间——礼堂、会议室、走廊、活动室。而以"好好思考、体贴别人、锻炼身体"作为学校培养目标，更加说明其教育的务实性。

（3）重质量、讲特色

参观的所有学校在汇报中都把教育质量和学校特色很鲜明地作为汇报主要内容呈现出来，可见，学校有形的可界定的主要指标就是我们目前也在全力追求的——教育质量和教育特色。

三、双方达成意向

在拜访花卷市政厅与市长交流期间，双方也就相关问题进行了认真的磋商讨论，在愉快友好的气氛中初步达成意向。具体如下：

一是双方就提出利用假期时间互派学生进行为期一周的访问学习初步达成共识。

二是双方就加强教师间、学生间的交流考察，进一步增进两地之间的友谊达成一致意见。

四、今后发力方向

借鉴日本的教育经验，使我们认识到，谋求学校可持续发展的根本，就要从实际出发，分析优势资源和发展可能，挖掘潜在的社会能源，一抓质量，二定特色，三抓师资培训。

教育不是停留在口头上，而是要俯下身子去践行。无论从幼儿园个别孩子对我们来访充满敌意的眼神和动作，还是表演剑道的那些孩子歇斯底里的喊叫声，足以折射出日本当今的教育绝不是肤浅的说教，反思我们的德育教育，紧迫感油然而生。因此教育必须务实！

1. 质量是学校生存的基本条件，提升教育质量是根本

从规范程序入手，反复强化形成习惯，只要是规矩就要人人遵守，减少不

必要的内耗，节省更多的时间投身于教育教学研究。教育学院对教师的培训侧重于学科知识和技能的掌握，而我们的培训侧重于理论素养的提升，这种差异的产生正是基于各自的现状。所以，我们必须坚定地从培训教师入手，把校本研修抓实，质量的提升才成为可能。

2. 特色是学校实现可持续发展的动力和源泉

确立特色必须根据学校的实际情况，横向对比，错位发展。特色不在于大小，而在于深入和长久。

3. 师资培训是提高我区教育质量的关键

在踏踏实实做好我区现有工作的基础上，计划在新长江路小学建立天文馆，开设天文课；在新华试验学校创建美术、物理、化学、生物、科学学科教师研究培训室，尝试新的师资培训方式；在全区中小学实验室教师操作台上方设置反射镜，同时在全区中小学音乐教室安装吸音板。采用多种途径，进一步创设教师外出交流学习考察的机会。

踏上异国的土地，领略异国的教育，震撼与思考并存：日本，不愧是礼仪之邦，谦恭与仁和充盈于每个人的面庞，微欠的姿态让对方真切地感受到被尊重的满足，目光相接体味到的是由心而发的微笑。作为教育者的我们，不由得为之震撼，战后日本飞速发展的根源在哪里？——对教育的重视！而如今日本国人素质的呈现是对其教育成功的最好体现。

不等扬鞭自奋蹄，我们定会将本次外出的所学所思所想化为具体行动，在工作中不断理解、消化、辩证地吸收，让经验为我们所用，以不辜负各级领导的期望和嘱托。

他山之石，巧妙攻玉

——香港大中华小班化会议有感

2011年5月，我们一行6人带着执着的小班化教育之梦，带着分享的喜悦与憧憬来到香港，和来自全国各地的专家学者及众多研究小班化教育的校长们汇集于香港教育学院，寻找小班化教育的更高理念、更新智慧的愿望就此开始了，寻找的过程生成的是更多的感动。

一、因闻所未闻、见所未见而感动

1. 感动于专家的厚重博学

短短3天会期，我们共聆听6场精彩的报告和4个分会场20余个专项发言，可谓是大开眼界，冲击强烈，其理念的超前新颖、观念的大气恢宏，都给我留下了深刻印象，许多关于小班化教育崭新的观点真的让人折服称道。关于小班化教育我们自认为涉世不少、研究颇多，但教育的目的到底是什么？小班化的研究终极如何界定？如何引领小班化向优质高位提升？以前思所未思的问题，而今，在专家们的启迪下，我也开始了思考，这也许是进步的起点，此行的目的之一吧。

专家讲座各具风采，特别是香港教授和台湾教授的报告真的是让人有意犹未尽之感，限时30分钟对于我们这些不远万里的求学者来说有些残酷。我们由衷地感叹：能够聆听到如此精彩的报告，能够与大家零距离分享，不虚此行。

2. 感动于会议的高层次、组织的高精密

此次会议的主会场安排在香港教育学院，从圆桌会议到正式会议，总体感

觉之一是会议的层次很高，表现为前期准备充分、设施设备齐全、政府大力支持、各方高度重视、参与热情高涨、专家讲座精彩、效果共鸣强烈；感觉之二是活动组织精密有序，表现在整个会议全过程可谓环环相扣、周密严格、预设充分、分工合理、态度谦和、服务周到、指示清晰、推进顺利。究其原因无不与香港人严谨的工作态度、严格的工作作风、严密的工作细节有关，据叶建源先生介绍整个会议筹备了半年时间，唯此，这种每项工作都要精品的精益求精的精神也值得我们好好学习与借鉴。

二、因培训本身、小班化共鸣而感动

1. 感受焕然一新的培训

好多讲座的形式是让我们参与在教授设计的活动当中，特别是分会场何国灿先生组织的一场关于评价的培训，给我留下了很深的印象，好久没有这样真正把自己当作学生参与在活动当中了。也曾在学校里为老师设计过，但都是我在主持，今天角色转换了，真正参与其中有利于你进行迁移和设身处地地换位思考，进而采取行动来改变现状。那一刻，虽然没有作为个例参与其中，但是我很兴奋，记忆深刻，也跃跃欲试，便也足够了。

2. 感受两岸同一个话题

尤其是台湾的谢传崇教授用那么睿智幽默，那么充满激情的话语，诠释的《校长的领导力》，让我们感受到教育更需要理智思考的洗礼。听完讲座，我总有一种说到心坎的畅快与欣喜，是啊，领导力的焕发过程是校长享受职业快乐的心灵释放的过程。回来第二天，正好赶上班子例会，我便按捺不住，终于把这份冲动转化为激情诉说。我们七十一中可爱的老师们，也许他们并不如我们所愿，但行走在小班化之路上，他们走得执着而幸福，我们有什么理由不心甘情愿地搀扶着他们，细心地指导着他们，用自己的真心微笑陪伴着他们一起走过！

理念指导行动。忙于事务性工作的我，此行让我强烈感受到经历“智慧与智慧的碰撞过程”十分必要，前行时，需要适度地停下来回首走过的路。

三、因会议以外的教育而感动

1. 感受“五育”

五育中学是一所初高中兼备的小班化学校，实行小班化教育 5 年有余，学校由此发生了很大变化，校长在分会场的汇报给了我不小的启示：小班化教育学校的课程观决定着小班教学的品质。小班化教育的研究与实践视角既在课堂，更在课程上。我想我们的差距就在于没有把我们的实践上升到课程的高度，只有这样的小班化教育才能走得更坚实走得更远。但是我校在此方面的研究相差甚远。

一上午的参观学习很快就结束了，在我们吃过午饭即将离开之时，学生们又为我们奉献上一道精神大餐——学生们自拍、自编、自采、自导的 20 分钟来访纪录片，当看到我们的身影、熟悉的画面时，无不钦佩该校注重学生实践能力培养、真正关注学生素质提升的理念与行动。

2. 为拔萃男校叫好

上次去香港曾参观过拔萃男校小学部，这次我走进了拔萃男校中学部，说心里话，我更喜欢中学部。我为这所百年老校悠悠的古色神韵、浓浓的学术气息、和谐的人际氛围而沉醉，老校长厚重淡定的气质、教师们儒雅谦和的风度、孩子们独到的见解、丰富的个性、明确的目标、全面的综合素质都给我们留下了深刻的印象。我为拔萃男校叫好，我要尽一切努力，培养我的孩子们，希望他们也能如此深刻，如此高雅，如此快乐，如此感恩，如此负责任。

如此，才是教育本身的意义所在。

3. 感受与会者

全方位感受是在每一次的交流中，从香港专家身上感受到香港教育人的孜孜以求，以人为本；从澳门专家身上感受到澳门教育人的深刻从容；从台湾专家身上感受到台湾教育人的真知灼见，底蕴深厚；从南京专家的身上领略到了南京教育人的侃侃而谈；从上海专家的身上领略到了上海教育的超前预见；从成都校长们的身上领略到了教育如烹小鲜；从大连自身更看到我们后生可畏的强大之势，这些足以让与会者赞叹不已，其行政推动力的优越条件令各方羡慕不已。交流无限，收获无限，成长无限。

同时，我对自身由于缺少生成智慧的底蕴、勇于争先的胆量、对教育的深度思考、对学校工作的高度提炼等而自惭形秽。而今迈步从头越，我相信找到不足而后坚定信心，定会练就成自身过硬的教育人。

牵手，让我们走得更远……

——友好校结盟仪式校长致辞

南京，六朝古都，物华天宝，历来为文人墨客心驰神往之地；西善桥中学，巍巍学府，人杰地灵，一直是莘莘学子仰慕钦羡的殿堂。与南京西善桥中学结为友好学校，是我们大连七十一中全体师生的荣幸，是学校办学史上的里程碑。今天与贵校的成功牵手，将开启我校办学新的纪元，将为我校的持续稳步发展提供难得的机遇，在此，我也真诚感谢贵校对我们的厚爱，感谢贵校对我们的认可与高看。我相信，南京与大连这两座城市将因我们的结盟而增加一条血脉，两校的师生将因我们今天的融合而获得更加广阔的发展平台，两校的未来将因我们今天的签约而更加光彩夺目、熠熠生辉。

“小班化教育”在南京推广普及已有10年之久，“小班化教育”理念深入人心，在南京全体教育工作者的共同耕耘下，这里已经成为“小班化教育”的沃土。你们的精心努力，培育出了茁壮的“秧苗”，奉献出了累累的“硕果”，这一切，通过去年的3次“南京·大连西岗小班化教育课堂教学研讨”活动，得到了颇具说服力的印证。西善桥中学正是在这几次活动中，让我们看到了贵校对“小班化教育”的深刻理解和准确把握，看到了贵校在“小班化教育”环境下的发展变化，让我们找到了“小班化教育”的知音，引起了我们在“小班化教育”探索中的共鸣。更主要的是，在这几次活动中，高校长以其朴实的理论、独到的见解、成功的实践、高雅的气质和坦诚的为人，给我们留下了深刻印象，遂产生了与高校长接触、接近的想法，产生了走进西善桥中学，探究贵校发展经验，向贵校求取真经的念头。经过简洁的沟通与密切的磋商，于是就有了我们两校欣喜牵手的今天，也就有了我们两校携手并进的明天。

在今后两校的发展进程中，大连市第七十一中学将视西善桥中学为亲密的合作伙伴，认真履行我们庄重的承诺，尊重与维护贵校的办学尊严，履行我们应尽的责任和义务，虚心学习，坦诚交流，敞开心扉，殚精竭虑。愿我们两校真诚相待，互通有无，密切沟通，和谐往来，成为友好学校合作的典范，共同谱写两校教育发展新的篇章。

相信，昨天的相识，是我们两校的缘分；今天的牵手，是我们两校的意愿；明天的合作，必将是我们两校情感的交融。愿我们两校的明天更加美好！

振翅高飞

小班教育给我们带来了什么

近两年来,大连市第七十一中学紧紧抓住西岗区推进小班化教学这一契机,加速改造学校的面貌。在刚刚结束的全市初中校长培训会上,学校的管理和教学改革经验得到了与会领导和专家的高度评价。小班教育更加引人关注,也给人更多的思考和启示。

小班教育成为学校发展的强劲动力。作为西岗区首批小班教育研究实验点校,实验初期,学校就确立了“高起点、强联手、重科研、造氛围、实探究、勤反思”的实施策略,围绕“重点在课堂、难点在课程、关键在教师、途径靠科研”这一主线,牢牢把握多元化、个别化、适性化的小班教育主旨,引领干部教师更新教育观念,改进教学方法,改善师生关系,创设多种载体,实现“面向每一个学生”的全纳性、活动性及个别化教育。同时,结合学校实际,创设了“20+20”课堂教学模式、“两支红笔”进课堂、课堂前测与后测、学案导学、二次批改、知识点排查、三分抽测、成绩预估、作业反馈、相对成绩分析等小班教学载体,使每个学生都得到真正的关注,让每个学生在不同层面上都进步和发展。

小班教育推动课堂教学更加高效。由于每班学生数量控制在30人以内,每个学生课堂讨论、交流发言及各种展示的机会都成倍增加,这就为高效课堂提供了可能。每节课实行“定时限讲”,要求教师课堂讲授时间不得多于学生练习活动时间,并视教学进展情况适当调整“教”的策略。同时,规定教师课堂上必须关注到每个学生，特别是学有所困的学生，干部、教师听评课的关注点也紧紧打在学生身上，看教师对每个学生是否了如指掌，问题的设计是否有价值，对学生的提问是否具有针对性；看每个学生是否思维活跃，是否积极参与课堂讨论及分组合作学习，是否自主能动地融入课堂教学中。要求师生“两只红笔进课堂”。教师“一只红笔进课堂”目的在于，及时对学生的练习进行批阅，在练习本上画出错误所在，向学生提出改正要求；学生“一只红笔进课堂”目的在于，教师指出练习问题所在后，学生用红笔加以修改或重做，加强记忆。这样，教师可当堂了解学生的学习情况，便于调整教学方法，补救教学失误；学生可当堂掌握所学知识，明确学习中的问题所在，及时补齐课堂欠缺。在教师对每个学生学习情况的及时掌握中，学生被教师的工作热情和责任感所感动，从而激发了他们课堂学习的积极性和主动性，从中获得了成功和愉悦。

小班教育使师生精神面貌焕然一新。近两年来，在省、市、区举办的各种教学、体育、艺术、科技活动中，先后有102人次获得高层级奖项，并获26项荣誉称号；在区“风采杯”教学大赛上，学校教师获团体第一名；在东北三省四市教学大赛中，两位教师双双获得一等奖；学校被评为大连市校本研修先进校；各年级教学质量显著提升，各项评价指标迅速跃居全区中上游。学校用近两年的时间，走出了教育质量多年落后的困境，并逐步向更高的教育目标迈进。

改变，是这样实现的……

大连市第七十一中学是一所普通的初级中学，风雨兼程地走过了近40年的办学历程，教育质量却始终静如止水、波澜不惊。学校没有声名显赫的名优教师，没有天赋超群的聪慧学生，不是名家大师启蒙奋发的求学之所，也不是各路师生趋之若鹜的热点名校，外来务工人员子女的比例却与日俱增，甚至高达80%。就是这样一所学校，近3年来却发生了令人欣喜的变化。在国家、省、市、区的各级比赛中，先后有108人次获得高层级奖项，荣获各种荣誉称号35项；教师参加教学大赛并有23人次获市级以上奖项；学校被评为“大连市校本研修先进学校”“大连市德育工作先进学校”；2009年、2010年两年承办了4次大型现场会，社会声誉明显好转；各年级教学质量显著提升，各项评价指标均由3年前垫底的水平，迅速跃居西岗区第一集团行列。2010年5月与南京西善桥中学成功牵手，建立了友好学校，将小班化研究推向深入。

人们在问，这一切是怎样发生的？下面，我就从三个方面做以简要说明。

一、整体规划，立体架构，促进学校管理模式的改变

2008年10月，我校作为西岗区第一批“小班化”教学实验点校，实验初期就确立了“高起点、强联手、重科研、造氛围、实探究、勤反思”的实施策略，围绕“重在课堂、难在课程、关键在教师、途径靠科研”这一主线，切实领会小班教育精神，整体规划，立体架构，建立起全覆盖逐点透析式管理模式。

此模式内涵包括三方面：一是时间管理全覆盖——立足每一届学生三年发展周期的总目标，以日管理为本、周管理为点、月管理为面、学期管理为体、年度管理为纲，力求时间管理无死角；二是空间管理全覆盖——针对学校、家庭、

社会三元生活空间和学校发展愿景、阶段目标，采取相应举措，力求空间管理无盲点；三是校园管理全覆盖——构建从校长到学生的层级管理体系，涵盖时、空、人三元素，逐点进行观察诊断，逐项解决发现的问题。我们在原有基础上，修订和完善了 17 项学校教育教学管理规章制度，如《学案导学精细化管理制度》《小班化作业布置精细化管理细则》《两只红笔进课堂管理细则》《2020 课堂教学模式管理细则》等，监控制度落实，形成运转机制，其精神内核就是逐点优化管理细节，构建精细化管理体系。

二、回归本源，聚焦课堂，促进师生教与学的改变

小班化教育的最终目的，在于更好地提高教育质量，促进学生全面和谐发展，而课堂教学的实际功效，决定了教育质量的优劣，小班化课堂为我们实现高效教学提供了极大的可能。

1. 加强备课管理，奠定小班化高效课堂的坚实基础

备前测题目。根据教学内容及学生学习经验，备课时对前测题目做好设计，课初实施检测，快速批阅后决定当堂课内容如何取舍，重点关注 80% 以上学生不会的知识，对两端的 20% 的学生进行重点操练。

备课堂学案。设置课堂学案，以学案导学助练，为学生提供学习指南，为教师提供检测依据。

备后测题目。建立每节课的检测题库，教导处组织实施，每天不规律地抽测 1 至 3 节课，检测结果当日反馈，提出改进建议。课堂后测以结果回溯过程，真实的数字面前可以真正促进教师进行自我反思。

2. 加强课堂教学研究，实现课堂教学功效最大化

构建“2020”课堂教学模式。对课堂教学“讲”与“练”的环节做出相应限定，在不同班级、学科和课型上，对课堂教学的前后两个 20 分钟进行合理调控，要求教师定时限讲，给学生节省练习时间。

优化“两只红笔进课堂”批改反馈模式。一是教师红笔进课堂。课堂练习

中，教师现场红笔批阅，随练随批，及时指导学生改正。二是学生红笔进课堂。学生所有的练习，只要出现错误，必须用红笔修改，教师不可直接指出错在哪一步，学生需自己查找，详细改正，要求教师必须以二次批改表和知识排查表为辅助，作最后的验收。

创设小组合作学习载体。课堂上通常存在的情况是，少数学生代替多数学生的思维，小组形成的意见很难得到清晰的表达，因此，我们将"小白板"引进了课堂。在小组合作学习产生需要时，每个学生都将自己的理解写到板上，同学之间展开思维交锋，形成一个或几个结论，交由授课教师批阅，完成合作学习任务。"小白板"集展示、交流、评价于一体，成为小组合作的有效载体。

加强"即时评价"。在分组合作学习时，我们采取"异质同组"策略，引进课堂分组合作学习即时评价的概念，当场对学生个体或小组集体的学习情况进行有力的评说，确立某个问题或某个方面的赶超目标，调动学生的竞争意识。及时记录每堂课中学习处于领先位置的学生或小组，学校进行周统计，对表现突出的学生或小组予以表扬或奖励。

3. 加强教学视频切片研究，促进教师专业成长

我们坚持定期为每位教师录制课堂教学实况，按教学环节将每节课分成若干切片，第一时间交给教师。中层以上干部按学科分工，与教师一起，逐帧进行切片回放，开展深度解剖，定格诊断，查摆问题。教师在规定时间内形成翔实的个人教学反思，对课堂教学存在的问题制定改进办法。学校组织专家团队进行问题跟踪，帮助教师不断调整和改进教学，提高他们的专业能力。

三、关注个体，团队激励，促进学生学习行为的改变

让关注个体真正落到实处。没有关注就没有教育。"小班化教育"使教学过程中每个学生受关注的时间、频度都得到大幅提高，特别是大班条件下难以展开的对学困生的关注问题，在小班化教学中可以迎刃而解。我们提出"以学困生掌握程度为检测起点，不让一个学生掉队""不比起点比进步，不比智力

比努力”。将每节课的跟踪目标紧紧锁定在学困生上，包括备课中对学困生的预设，授课中对学困生的提问，作业布置时对学困生的重点关注等。同时，我们规定：对学困生的作业必须面批面改；个别辅导批改能解决的，绝不大面积进行；批改环节做到讲必练，练必批，批必评，评必纠，纠必查，查必改。

让团队激励永远成为制胜法宝。教育不是注满一桶水，而是点燃一把火。各项活动的开展、一切载体的创设都引入团队竞争的概念。比如，我们设计的三分抽测、晨诵展示、晨练三部曲、行为点评台、“今日我领操”优秀领操员评比活动、小班化成长手册、学案展评比赛等，将每一个个体一个都不少地纳入团队考核与竞赛中来。学与不学，学得怎样再也不单纯是个人的事情了，“为团队而战”已经成为七十一中学子响亮的口号。团队激励使学生变被动学习为主动学习，变单独学习为合作学习，变无奈学习为愉快学习，变个人学习为团队互助，学习行为悄然发生了彻底的改变。

总之，“坚持自己的，才是最好的”。其实我们的做法与兄弟学校大同小异，只是我们在任务落实上更注重结果，以各项工作的最后完成来检验和衡量一员负责制的实效。推行过程并非一帆风顺，面对阻力我们敢于较真，坚持不折不扣，我们的态度是：每一个步骤都要精心，每一个环节都要精细，每一项工作都要精品。我们深刻感受到操作层面的持之以恒是最重要的。

梳理我们的经验，就是全覆盖逐点透析式管理、持之以恒的坚持、小班化教学合一的创新。

让鼓声唤醒沉睡的土地

——大连市第七十一中学男生鼓队赴俄演出后记

“他们在一次次虔诚的投入中，感觉到挥汗如雨的酣畅，感受到掌声四起的欢喜，感悟到‘真情付出孕育真实回报’的传奇，感动于‘不断超越才是最美的成长’的许许多多的第一次……”

——题记

2011 年 10 月 1 日到 7 日，应俄罗斯的邀请，我校男子鼓队的 9 名师生，肩负着展示中国文化的神圣使命，在教育局陈印刚书记的带领下，作为中国地区唯一代表队，参加了在俄罗斯哈巴罗夫斯克边疆区举行的首届国际仪仗队狂欢节。

当机翼掠过云端，满载着火红的激动呼啸地降落在俄罗斯哈巴罗夫斯克的土地上时，这个小城，用她深情的微笑拥抱了 9 位一身中国红的东方少年。这一天是 2011 年 10 月 1 日——当身后的华夏大地沉浸在建国 62 周年的举国欢庆之时，这 9 位东方少年用他们张扬的笑脸、激昂的舞步和健壮的臂膀，擂响了极具民族特色的腰鼓，激荡起叫作“七十一中学”，叫作“西岗”，叫作“大连”，叫作“中国”的青春乐章……

第一次精彩亮相——引起轰动

这些黑头发、黑眼睛的中国少年一到俄罗斯就是一群意气风发的“红龙”（当地记者的评语）。他们第一次在空地上的排练，便引来了众多俄罗斯友人——有些人甚至是第一次听见这隆隆的中国鼓声，第一次看见这代表着龙，代表着火，代表着中国的激情舞蹈。这次排练当时就引起了正在采访的当地记者的浓厚兴趣，他们马上安排了对孩子们的现场采访，拍着孩子们的肩膀竖起大拇指，真诚的笑容里充满了对中国少年的敬意。那些记者还客气地询问可不可以教他们一招半式，我校随队且参演的男子舞蹈教师——刘洛辰便热情而大方地现场传艺，做出几个典型的击鼓动作和步伐，那些大个子记者拍摄着自己同伴笨拙而认真的模仿动作，连说“这也是中国功夫吧”。这段采访让大会导演组立刻注意到了这支来自中国的队伍，他们临时改变初始安排，马上决定就用中国少年的腰鼓表演作为开场节目，第一个亮相！而此时距离开幕式只有两个小时。

第一次亲身享受——总统待遇

我们参加的这次“首届国际仪仗队狂欢节”，在哈巴罗夫斯克属于高规格的大型活动，在当地引起了空前关注。当地政府对我们的到来给予高度的重视和热情的接待：我们每次前往演出现场，途中都有警车开道，据说这在当地是总统才能享受到的待遇；当地新闻媒体在报道中刊登这群中国少年的演出照片时，对我们的表演都大肆赞美。每一次表演时，现场都坐满了观众，有很多人是特意从很远的地方赶来购票观看。表演中，孩子们用神奇的鼓乐掀起了一股股韵味十足的中国特色“红色风潮”；每次表演结束时，观众们都全体起立，掌声雷动。俄罗斯主办方给孩子们最热情的祝贺，赠送了感谢牌匾，并希望七十一中的孩子们下次再来表演。

狂欢节期间，我们师生还参观了哈巴罗夫斯克的第四东方语言学校，访问了第三十三保育院。我们走到哪里，哪里就有人热情地与我们合影、签名，中俄的孩子们互相留下了联系方式，结下了浓浓的异国情谊。

第一次异国仰望——五星红旗

演出归来，在整理孩子们的日记中，我们看到，他们写得最多的不是出入境时的清点、搬运、安检等琐事，不是上下场前后的集合、审查、排演，而是在异国他乡得到的尊敬和礼遇，以及五星红旗升起时油然而生的骄傲。

关彦博同学在日记中写道：“这是我第一次去俄罗斯，整体来说对俄罗斯的印象还是比较好的，感觉那里的城市非常干净整洁。”

蒋志昂同学写道：“俄罗斯人很有礼貌，那里的司机没有在人行横道处横冲直撞，看到有行人横穿马路时，他们不但不会动粗，而且会把车在几十米外的地方停下，挥手示意让行人先走。”

傅东柯同学写道：“在异国他乡，看到带有中国标志的东西，大家都很激动。我在哈巴罗夫斯克的一栋建筑前看到一个残破的石龟驮着一块残缺的石碑，那上面的文字似乎在诉说着 100 多年前发生在这里的故事，联想到这片土地的历史，我的心有些沉重，但是，这历史已经过去，我们应用更宽广的胸怀面对未来。”

王光浩同学写道：“国际仪仗队联欢节演出那天，我们在会场看到了飘扬的五星红旗，一下子觉得它是那么大、那么红、那么艳。我忍住了心中的无比骄傲，我觉得国旗能因为我而升起，我是多么幸福，多么自豪的人啊！”

这次活动开阔了学生的眼界，磨炼了学生的意志，培养了学生的集体荣誉感和爱国主义精神，他们又在热切地盼望着能有越来越多的机会去亲临、去实践、去感受、去怀念。

第一次深刻体味——成长的美丽

在后续的座谈和交流中，许多家长谈到，出国前后的孩子们判若两人，现在，他们常常早晨起得很早，脸上整天挂着笑容，经常谈论学校里有趣的事情，评价老师们的词语都是“很可爱”“很伟大”，对自己也有了更高的要求和打算。一个原本不善表达的男生应明豪同学在《青春印记》的作文里写道：

“这是我第一次出国，哈巴罗夫斯克的一切都让我觉得很新鲜，那里人不多，但都长得很美很魁梧。那里有很多树木和公园，那里有许多跟我们学校前面的‘俄罗斯风情街’一样的建筑。翻译说它是远东最大的绿化城市。在那里我真正地感受到我们男生鼓队所受到的欢迎，也感受到作为中国人的骄傲——很幸运我是七十一中男生鼓队的一员。”

刚刚升入我校的刘大琨同学说：“我会好好学习的，带队老师像爸爸妈妈一样关爱着我，我比以前更自信了，我觉得生活在七十一中很幸福。我不会辜负老师和家长对我的好，我争取将来有机会去更多的国家看看，向更多的外国人介绍博大精深的中国民族文化。”

同时，男生鼓队的载誉归来，在我校学生中引起了强烈的反响，许多学生到音美组的老师那里询问是不是还有别的学生社团可以参加，“我们也想出去看看！”“我们也会为七十一中捧回奖杯的！”听着孩子们的话语，看着他们的眼睛，我们的音美老师既无比欣慰，也无比自豪。

实话说，我们对今天所取得的成绩一直心怀感激，没有教育局在我校开展的小班化教育的试点，没有教育局对“学生社团”工作的重视和要求，没有局领导给我们提供的宝贵机会，就没有我们满怀的鲜花和悦耳的掌声，更没有师生们充盈的自信和激昂的活力。七十一中学男生鼓队和男生舞蹈队等社团，在过去的时光里所收获的众多奖状和奖杯，无不闪烁着局领导的智慧之光。我们知道，脚下的路还很长，还需要我们走得更加踏实稳健，小班化教育为我们带来了巨大的变化，师生精神面貌的转变，教育质量的提升，科艺体卫成绩的取得，基础和前提都是小班化教育促成的教育资源更加公平合理的配置，以及由此带来的师生工作与学习状态的变革。我们庆幸把握了机遇，我们也必将牢牢抓住这一机遇，在小班化研究与实践的路上不懈探索，以学生社团活动为突破口，持续树立师生的自信和信念，并将这种信心转化为教育教学的动力源泉，实现我校教育质量新的突破，为西岗教育发展，为品质城区创建做出新的贡献。我们愿以更加出色的工作与努力换取更多让孩子们展示的机会，以优异的成绩向西岗教育回报更大的惊喜！

破茧成蝶振翅飞

——记大连市第七十一中学内涵发展之路

胜利桥是大连城市建设起步的地方，这里集中了最老旧的民居，最拥挤的街道和一大群来自五湖四海的务工者们。大连第七十一中学就在这里默默地伫立了半个世纪。曾经的它，没有声名显赫的名优教师，没有天赋超群的聪慧学生，却因“小班化”教育，在短短的几年时间从弱到强，迅速崛起。学校先后被评为“大连市校本研修先进学校”“大连市德育工作先进学校”“大连市首批特色目录学校”“大连市新优质学校”等；各项评估指标均由五年前的“垫底”水平，迅速跃居区中游水平，教学质量显著提升，全国各地前来考察学习者络绎不绝，特色项目影响力日益彰显，社会声誉明显好转。

改变，从管理开始……

2008年5月，我校作为西岗区首批“小班化”教育实验点校，积极尝试其中。经过认真的分析研究，学校将第一个突破口定位于“管理”这张牌，找准了学校发展的症结，我们毫不犹豫坚定地改进。其实早在推行“小班化”之前，学校已经有了一些行之有效的管理办法和策略，只是这些办法和策略是零散的、孤立的，缺乏一个上位概念将它们系统融合在一起，如果能用“小班化”的概念来引领学校的管理，把“关注每一个”的这篇“大文章”在学校管理中做实、做细、做精，那么“小班化”教育的意义也就充分凸显了。

鉴于此，学校确立了全覆盖逐点透析式管理模式，这是精细化管理的端倪，最终将其内涵确定为以下三方面。一是时间管理全覆盖：立足每一届学生三年发展周期的总目标，对学生每天、每周、每月、每学期、每学年度的活动，都进行整体规划，力求时间管理无死角；二是空间管理全覆盖：基于学校发展愿景和阶段目标，针对学校、家庭、社会三元生活空间，采取相应举措，力求空间管理无盲点；三是校内人员管理全覆盖：构建从校长到学生的全体人员管理体系。

在涵盖时、空、人三元素的管理模式指导下，对管理流程逐点进行观察诊断，逐项解决发现的问题，修订和完善了10多项学校教育教学相关的规章制度，如《2020课堂教学模式管理细则》《两支红笔进课堂管理制度》《学案导学精细化管理制度》《教师二次批改管理细则》《晨练三部曲管理细则》《“日日清”教学管理细则》等，敦促制度落实，形成运转机制，其精神内核就是逐点优化管理细节，构建精细化的管理体系。

精细化管理让“关注个体”真正落到实处，让每个学生受关注的时间、频度都得到大幅提高，特别是大班条件下难以展开的待进生的关注难题迎刃而解了。精细化管理更让学校在管理上进入了一个无盲点的时代，每一个步骤都精心，每一个环节都精细，每一项工作都做成精品。

改变，从创建特色开始……

学校秉持务实理念，实施精细化管理，从细节处入手，不断细化、完善日常管理，解决了众多实际问题，为进一步推进“小班化”教育奠定了坚实基础。欣慰之余我却略有隐忧，我越来越感觉到学校气氛紧张有余，活泼不足，学生情绪沉闷有余，朝气不足。这样的氛围不免与本应生龙活虎的青少年不协调，与“小班化”教育的本意也有差异。难道学校不能为学生提供充满活力、富有朝气的环境吗？能否找准“提神”的东西，让学校真正“兴奋”起来呢？在我看来，开展丰富多彩的学生社团活动便是最好的办法。

男子舞蹈队的创建开启了我校学生社团的新时代。在西岗区首届舞蹈节比赛中，我校男子舞蹈《和谐鼓韵》一举获得第一名，并连续三年在大连市比赛中获得金奖。获奖并不重要，最令人欣喜的是这支由零基础的农民工子弟组成的男子舞蹈队唤醒了沉闷的校园，激起了师生的自信与活力。2011 年 10 月，舞蹈队还受邀参加了俄罗斯哈巴罗夫斯克边疆区举行的首届国际仪仗队狂欢节，男孩子们没有辜负学校的信任和期望，他们第一次精彩亮相就引起轰动，第一次亲身享受了总统般的待遇，第一次深刻体味了自信原来如此美丽。孩子们用青春的笑脸、激昂的舞步和健壮的臂膀，在俄罗斯的土地上擂响了极具民族特色的腰鼓，激荡起叫作“七十一中学”，叫作“西岗”，叫作“大连”，叫作“中国”的青春乐章。

找到了“提神”的东西，学校真正“兴奋”起来了。男孩子们一次次载誉归来，在学生中引起了强烈的反响，许多学生到老师那里询问是不是还有别的学生社团可以参加，“我们也想出去看看！”“我们也会为七十一中捧回奖杯的！”而一个个难得的胜利，让全校老师也兴奋不已，大家似乎从这支男子舞蹈队中找到了力量和希望，对任何性质的比赛都跃跃欲试。

社团是校园文化的浓缩，能最大范围地培养孩子的社会实践力、团体协作力、自主创新力，这也正是“小班化”教育真正关注的东西。经过几年的长足发展，我校男子舞蹈队呈现出强劲的发展势头，与学校的小班教学同频共振。

全员参与的花样跳绳是我校又一个特色品牌，它成为七十一中大课间一道亮丽的风景线。它集普及性、多样性、趣味性于一体，这套花样跳绳尽管难度较大，但全校每一个学生都参与其中。在短短的 10 分钟内，同学们要完成两大类 18 种花样变换，而且学校还在继续开发创新更多形式。花样跳绳已经超出体育本身的价值，形成了独特的跳绳文化，孩子们在玩中跳、跳中玩，以绳交流，以绳健智，以绳会友。其宏大的场面、翻飞的花绳、欢快的笑声、含金量较高的技术动作给每一个外来参观团及各界领导留下了深刻印象，也成为来我校参观学习的外地朋友要求必须考察的特色项目之一。

改变，从课堂开始......

课堂，学校发展永远的阵地，学校理应沉浸课堂。一所学校，应专注于回归本源，聚焦课堂的探索；专注于课堂转型路上原创因子的研发。乐为课堂“做小事”，才能成就学校“大发展”。基于这样的认识，2008 年始，我校将目光聚焦于课堂这一学校发展的核心，学校特色定位于大平台教学策略，研究教学、研究学生、研究课堂，深入而细致地关注与课堂教学相关的各个环节的落实，并原创出一系列与之协同生效的课堂教学策略，使课堂教与学有了实实在在的抓手，从源头上保证了学校整体工作的稳步推进。

目前，这一平台的初步架构是：建立起覆盖课前、课中、课后三大环节的全覆盖逐点互动式运行模式，创新了“八环助学法”和 17 项行之有效的系列小班化课堂教学策略：如“2020 课堂模式”、课堂前后测、两支红笔进课堂、丽娜小白板、学习指导案、即时评价、视频切片反思、全员参与式小结、限时“四小”、“三同三异”课堂、活页夹与双色笔，等等。意在改变教学组织文化，提倡用合作、分享的方式去学习，为“教”与“学”提供实实在在的方法论支持。

在实施小班化高效课堂的过程中，明确提出“实备、精讲、勤练、细批、严考、真评”的总体要求，全面开展小班化课堂的“大平台教学策略”教育特色的实践。

做实课前，奠定小班化高效课堂基础。没有充分预设的课堂是盲目的，必然也是低效甚至无效的，高效课堂的前提是充分的课前准备，包括备规律与重点、备前测题目、备课堂学案、备后测题目。

做精课中，实现课堂教学功效最大化。学校通过几年的实践，总结出“八环助学法”，即前测—汇总—点拨—合作—反馈—巩固—小结—后测。17 项小班化课堂策略如珍珠般镶嵌其中，串联起一堂堂精美的课堂。如构建“2020”

课堂教学模式，优化“两只红笔进课堂”，将“小白板”引进课堂，加强“即时评价”，“限时四小”提速增效。

做细课后，将“关注每一个”真正做到实处。包括用好“知识排查”和“二次批改”表，开放“三同三异”课堂，坚持视频切片研究，坚持三个每日必做和科学管理辅导环节。

改变，从校园文化开始……

校园文化是学校的核心竞争力，是促进学校内涵发展的推动力。借 2010 年西岗区政府对我校校舍全面改造之机，校园文化也得以全面提升。针对所在学区教育基础薄弱，外来务工子女一度高达 80% 这一特殊状况，准确定位，将“尊重每一个、关注每一个”确定为学校文化的主旋律。

“在老师的眼里他们都是伟人；在母亲的心中他们都是孩子。”镌刻在我校一楼正厅墙壁的两句话，闪耀着教育人性的光芒。我校外来务工子女虽然高达 80%，但孩子们平生第一次与名人伟人“站到”了一起。校园内还设置了各类不同主题的校园文化墙，如“联合国儿童公约”“谁不说我家乡好”“生日主题祝福墙”“小问号休闲驿站”“团队旗帜”“摘星阁”等，将学校核心教育观凝练成“公平教育、特色教育，能激发孩子巨大潜能”，体现出教师对学生的充分信任和热切期待。

校园文化的真正魅力在于精神的力量。学校致力于团队建设，每学期都推出一个团队精神，如“评价比要求有效，氛围比约束重要”“共承诺，共担当”“为同伴鼓掌，为团队喝彩”等，它们是七十一中学制胜的法宝，也是学校发展不竭的动力源泉。我校的“感叹号”风采学子三年“七个一”计划，目的就是让那些外来务工人员的孩子们，在第二故乡也同样绚烂地绽放，让他们的桑梓年华，在七十一中的土壤上留下最美好的时光。每日道德点评台、全员参与的优秀领操员评比活动真正彰显了小班化教育的优势。伴着清晨明媚的阳光，晨练三部曲回荡在校园上空，成为周边百姓驻足观看的一道风景。

如今的七十一中得到了社会各界更多的关注、关怀，它正以快速发展的势头走在“小班化”教育之路上，破茧化蝶，追求卓越。我校“尊重每一个、关注每一人、精彩展示每一天”的核心办学理念日益凸显，让这些外来务工的随迁子女感受到被尊重、被关注的幸福，感受到作为城市新市民的那份骄傲。也许七十一中的孩子不是最优秀的，但是学校立志培养他们成为最自信、最努力的，这已成为每一个七十一中人永远的追求和永恒的坚守。

小班化教育，让薄弱校获得新生

——大连市新优质学校评估汇报材料

面对又一个闪光的新目标，七十一中学需要又一次呈现一份优质的汇报，来回顾并提炼自己5年来的风雨兼程。每一个七十一中人由衷地感到，这个劳动是幸福和自豪的，这个过程是对喜悦的整理和重温。我们也由衷地希望，所有读者从中能够看到七十一中学理解教育、热爱教育、优化教育的平凡故事，更看到这所学校对一校师生、对周边民众、对社会家国的火热心肠。

——题记

辽宁省大连市第七十一中学位于大连中心城区西岗区，是一所建校40余年的普通初级中学。近几年来，学校各项评估指标均由5年前全区“垫底”，迅速跃居全区中上游行列，各年级教学质量显著提升，学校的社会声誉明显好转。这些成绩的取得，与学校抢抓机遇，立足改革，大胆尝试小班化教育改革，整体改进学校管理模式，科学实施小班化策略，扎实推进团队建设关系紧密。

第一部分：学校基本情况介绍

从前的七十一中学，没有声名显赫的名优教师，没有天赋超群的聪慧学生，更不是各路师生趋之若鹜的热点名校。七十一中学风雨兼程地走过了近40年的办学历程。其前身是“日本桥小学”，20世纪50年代更名为“民乐小学”，1973年定名为“大连市第七十一中学”，2000年随着新校舍建立与七十四中学合并。现有教职工82人，市区骨干教师12人，学科带头人4人，35周岁以下教师占教师总数的45%。学生596人，共有22个教学班，班级人数均在30人左右，是典型的小班化班级。学校占地面积9 423平方米，建筑面积13 089平方米。学校设施设备齐全，音乐、舞蹈、理化生实验室等专业教室功能日渐完善，600平方米标准的体育馆、阅览室、语音室、刻录室、小班化多功能教室、塑胶操场等一应俱全。

由于学校毗邻大连市最大的小商品批发城，近年来，学生中外来务工人员子女日渐增多，借读生比例最高达80%，流动性较大，生源质量较低。这部分学生大多基础薄弱，入校时许多学生的英语基础极低甚至是从零开始，他们缺乏自信，学习习惯较差，在课堂学习中热情不高，被动消极，缺少参与意识。学区内学生的入学流失率最高时达到45%，而借读生比率却与日俱增，一增一减的客观现状造成优质学苗锐减，加之两校合并更显良莠不齐，教育教学质量始终在低位徘徊，令人担忧。

学生的学习状态直接影响教师教学的积极性。面对启而不发的教育对象和困难重重的教学目标，教师们一筹莫展，久而久之师生关系紧张，课堂缺乏和谐。但这毕竟是建校40余年的老校，在历任校长的努力下曾有过良好的办学基础和优良的校园文化氛围，曾有过一段时期的辉煌，办学基础优良坚实。教师们大多朴实、肯干、有正气，但他们最大的问题在于面对近几年的现实困难，自信心缺乏，理念落后，创新不够，激情与活力不足，教学研究意识淡薄，缺乏对未来的美好憧憬。教师日复一日、年复一年地做着机械的教书工作，教学成效低下。教师交流时无人愿意主动申请进入本校，几年下来，学科带头人和骨干教师相对较少，难以发挥积极的辐射带动作用。

低迷的教育教学质量导致本校社会声誉低下，教育合力明显不足，家长对学校百般挑剔，街道社区对学校缺乏支持配合，办学一度陷入尴尬境地。

面对这样的具体情况，学校意识到，只有采取有力之举才能有效地解决问题。由此，学校确定了以下改进思路：

一是完善和优化学校管理模式，发挥干部队伍在学校管理中的领导作用；

二是改革和优化课堂教学策略，加强对小班化课堂教学的组织和领导，提高课堂教学成效；

三是确立和优化团队机制，充分发挥团队优势，创设宽松愉悦的教学氛围，为学校教学工作的有效开展提供有力的保障。

2008 年 10 月，大连市西岗区教育局开始实施“小班化教育试点”。七十一中敏感地意识到，这是一次难得的机遇。为此，我们积极申请，成为西岗区“首批小班化教育实验点校”，期待借助小班化教育的契机，调动师生积极性，点燃校园激情，让学校获得新生。

第二部分：学校主要做法及经验

一、立足校本，整体规划，构建学校管理新模式

1. 建立新型管理模式

开展小班化教育实验初期，在对小班化教育理论、实践意义充分领会的基础上，确立了“高起点、强联手、重科研、造氛围、实探究、勤反思”的实施策略，围绕“重在课堂、难在课程、关键在教师、途径靠科研”这一主线，整体规划，立体架构，建立起全覆盖逐点透析式管理模式。

此模式的内涵包括三方面。一是时间管理全覆盖：立足每一届学生三年发展周期的总目标，对学生每天、每周、每月、每学期、每学年度的活动，都进行整体规划，力求时间管理无死角；二是空间管理全覆盖：基于学校发展愿景和阶段目标，针对学校、家庭、社会三元生活空间，采取相应举措，力求空间管理无盲点；三是校内人员管理全覆盖：构建从校长到学生的全体人员管理体系。

2. 完善教学管理制度

在这种涵盖时、空、人三元素的管理模式指导下，对学校管理流程逐点进行观察诊断，逐项解决发现的问题，修订和完善了 17 项与学校教育教学相关

的规章制度，如《2020课堂教学模式管理细则》《两支红笔进课堂管理制度》《学案导学精细化管理制度》《教师二次批改管理细则》《晨练三部曲管理细则》《“日日清”教学管理细则》《知识排查管理办法》等，敦促制度落实，形成运转机制，其精神内核就是逐点优化管理细节，构建精细化管理体系。

精细化管理让“关注个体”真正落到实处。没有关注就没有教育。小班化教育使教学过程中每个学生受关注的时间、频度都得到大幅提高，特别是大班条件下难以展开的对学困生的关注，在小班化教学中可以迎刃而解。

3. 将教学常规做到极致

要想把小班化教育理念落到实处，要想将教改的思想真正转化为现实，关键还是要靠精细化的管理来落实。“将常规做到极致”是七十一中人的追求，更是开展研究行动的保障。向教学过程和教学细节要效益，过程就是质量，细节决定成绩。而今“细节做实，实事做精，求索有梦，师生共赢”已成为七十一中的学校文化。仅以学校怎样设计和落实“学习指导案”为例介绍一下如何落实教学常规的。

“学习指导案”是根据学生学习的需要、班级授课的特点而设计和组织课堂教学的学习案纸，它是教师课前备课主要的设计内容。“学习指导案”的设计理念：约束教师明确本课主攻方向，为“20+20”课堂教学提供抓手，为教师提供当堂批改的载体，给教师提供纠错的依据，为学生留下学习痕迹，将部分课后作业前移。“学习指导案”的教学流程：提前下发，课前自学，完成第一次教学；课堂上讨论交流、合作探究，完成第二次教学；当堂课进行达标测试，及时得到反馈，完成第三次教学。“学习指导案”的教学管理：抓备课——一备传承，共同修改，二备到位；抓课堂——两只红笔，小组合作教学，后测；抓作业——讲必练，练必批，批必评，评必纠，纠必查，查必改，错必二改。

4. 坚持“一员负责”项目书，实行“环形封闭”管理

坚持一员负责，依托项目管理书，实行环形封闭制度。学校的态度是：每一个步骤都要精心，每一个环节都要精细，每一项工作都要做成精品。

抓一员负责的过程评价。质量取决于过程，细节决定成绩。管理措施越具体，越细致，效率就越高，效益就越好。把过程做细，把细节做实，把小事做好，让“做细做实”成为一种习惯并持之以恒。七十一中老师由衷地说：最在乎的就是学校的过程评价，精细，具体，透明，准确。

抓环形管理的工作落实。再好的理念、制度和方法如果落实不到位也会如一纸空文，七十一中明确提出：落实，落实，再落实，将落实进行到底和“三个等于零”——布置不检查等于零，开会不落实等于零，一百减一等于零。“落实”是一种工作态度、工作风格。

抓行为常规的坚持不懈。“抓常规就是抓‘精、气、神’。”“德育好比吃盐，每天都需要，一日不可多得，让学生慢慢消化、吸收。”学校坚持道德点评，坚持能创造奇迹，总之，操作层面的坚持不懈是最为重要的。

二、关注尊重，爱洒校园，谱写育人的华彩乐章

走进七十一中，你会感受到师生的可爱，当你真正融入七十一中，除了这份可爱，你更会震撼于蚕结茧化蝶的痛苦而美丽的历程，因为这其中流淌着七十一中人心底最纯洁的师爱。

1. 让关注、尊重感动每一个

特殊学情需要学校的育人教育必须降低底线。这所学校的孩子缺少家庭温暖，近30%的单亲家庭更需要师爱的付出，尊重每一个、关注每一个成为学校育人的主旋律。在七十一中的正厅右侧是一个醒目的黑白影像墙，本校学生灿烂的笑脸和名人头像平均分布，做底衬托，上面写有两行大字：“在老师的眼里，他们都是伟人”“在母亲的眼里，他们都是孩子”。格言意在让每一个经过此处的学生、老师、家长以及社会各界人士再领略一次其震撼意义：不是所有的孩子都会成为社会的有用之材，有且只有得到公平的、良好的、充满爱心的教育的那些孩子，才能成为社会的栋梁，而七十一中，能把这些给他们！这幅作品的精神内涵，将“七十一中小班化的核心价值观”凝练地溶解在“平等的爱，能激发无数孩子的无穷潜能”这一大教育观里。

2. 让期待、信任成就每一个

七十一中学的校徽由一个问号和一个感叹号组成，学校精神是“做求真的小问号，做精彩的感叹号”。这源于“71”中的数字形象，“7”如同一个小问号，“1”像一个小叹号。全校师生在这一理念的启发下，给予学校精神更多的诠释。相信七十一中的每一个小问号终有一天都会挺直胸膛变成一个个感叹号。

3. 让道德、思辨浸润每一天

“晨练三部曲”“道德点评台”是七十一中学教育的独创亮点。目的是希望每位同学在这项道德点评活动中，充分发表见解，让积极向上的文明氛围充满校园的每一个角落。“文明感动七十一”活动是在此基础上推出的又一教育活动，通过同学们细致的观察，把身边的富有诚信、爱心的典型人和事编辑录像，在班级、学校宣传。学校着力把德育工作融于日常教学和管理的每一个细节当中，学校创造性地利用升旗仪式开展班级间的“国学吟诵 PK 赛”，真正把学国学、爱国学落到实处，让国学精神深入人心；学校各班能根据自身特点打造独具特色的班级文化，全体同学参与班名、班徽、班训、班容的设计，调动了学生的积极性，树立了主人翁意识。

4. 教育重在过程

锻炼和培养学生的能力，塑造学生良好的品行和德行是七十一中人一贯的目标。为此，学校以“诚信教育”为突破口设计了丰富多彩的校园文化活动：诚信校会班会、创诚信班集体、实施诚信考场等一系列做诚信人的活动；升旗仪式、道德点评台、开学典礼、毕业典礼等教育活动；学军、学农等社会实践活动；学生节、元旦等大型节日；班歌、班舞、板报等多项比赛和形式多样的特长展示等。每项活动都使孩子能够感受爱、体会爱并学会爱，孩子们的身心在这些用爱心设计的活动中受到了润物细无声的教育。

三、依托课题，聚焦课堂，促进师生教与学的改变

实验之初，连续40节的诊断听课，校领导发现课堂上教师讲得太多而学生学得不多，成绩不理想却找不到根源。学生教师无不疲惫不堪、愁眉苦脸。如何让学生乐学，教师乐教，课堂充满愉悦？如何让师生共同发展？这些问题都摆在面前。

1. 穷则思变，校级课题初次尝试

基于这个朴素的梦想，为了改变教师教得累、学生学得苦的现状，学校决定进行课堂教学改革实验，2007年年底开始试点，2008年5月全面铺开。我们认为，课堂教学改革是一场攻坚战，没有扎实的抓手就无成功的希望。学生愉悦地学习，首先必须把课堂真正还给学生，让学生动起来。必须把教师的讲课时间限制下来，教师少讲了，学生才可以因此而多学。“教师少讲”总得有一个说法，定多少时间呢？学校通过两次调查问卷和多层面的互动座谈会初步确定了“20+20”课堂教学模式，并以此为问题引入，悄悄开始了我们校内的尝试性的研究。学校给教师提出硬性要求并强势推进，这就是被教师称为“釜底抽薪”的颠覆性措施。

2. 初见成效，市级课题随后跟进

当老师们踉踉跄跄地走过这段转型期后，自然打破时间的机械限制，顺利进入市级课题《初中小班化定时限讲，师生互动模式的研究》行列。如今“定时”“限讲”多少，都由教师根据具体的学科内容而定，课堂灵性更加彰显，艺术性和生命力更加得以体现。过程中学校采用一套全新的教育科研方法——循环实证。正是这套方法“征服”了更多半信半疑的教师。

“实证到人人服帖为止！”领导班子铁了心，把“战线”拉到了更大范围。依靠科研的力量，教师们主动投身其中，如今循环实证已成为学校的一种校本研修方式，越来越多的教师“以身试法”后口服心服了，许多教师的课堂在慢

慢转型，研讨会上老师们由衷地说：“我现在备课的关注点不再是我自己能在哪个方面上的出彩，而是关注哪些是学生学得会的，哪些是学不会的。”从“心动”到“行动”的过程也是从文化认同到文化自觉的过程，当教师的观念发生改变时，行动的跟进就水到渠成了。

3. 提供抓手，保证课题向纵深发展

要教师少讲，必须解决好两个问题：一是教师少讲了，还要干什么？二是教师少讲，学生干什么？只有解决了后顾之忧，教师才有可能少讲。

回眸小班化教育研究之路，可以说，学校紧紧抓住了重要的一点，并围绕这一点下足功夫，做足文章，那就是不断为教师的“教”与学生的“学”提供实实在在的“抓手”，如“2020 课堂教学模式”“课堂前后测”“两支红笔进课堂”“小组合作”“学习指导案”“灵动小白板”“课堂小先生”“晨诵三部曲”“即时评价”“视频切片反思”“合作教学”“助教式课堂”“限时四小”“二次批改”“三分抽测”“知识点排查”等。

（1）加强备课管理，奠定小班化高效课堂的坚实基础

备前测题目。根据教学内容及学生学习经验，备课时对前测题目做好设计，课初实施检测，快速批阅后决定当堂课内容如何取舍，重点关注 80% 以上学生不会的知识，对两端的 20% 学生进行重点操练。

备课堂学案。设置“课堂学案”，以学案导学助练，为学生提供学习指南，为教师提供检测依据。

备后测题目。建立每节课的“检测题库”，下课前 5 分钟组织实施，检测结果当日反馈，提出改进建议。课堂后测以结果回溯过程，真实的数字面前可以真正促进教师进行自我反思。

（2）加强课堂教学研究，实现课堂教学功效最大化

构建“2020”课堂教学模式。对课堂教学“讲”与“练”的环节做出相应限定，在不同班级、学科和课型上，对课堂教学的前后两个 20 分钟进行合理调控，要求教师定时限讲，给学生节省练习时间。

优化“两只红笔进课堂”。一是教师红笔进课堂。课堂练习中，教师现场红笔批阅，随练随批，及时指导学生改正。二是学生红笔进课堂。学生所有的练习，只要出现错误，必须用红笔修改，教师不可直接指出错在哪一步，学生需自己查找，详细改正，要求教师必须以二次批改表和知识排查表为辅助，作最后的验收。

创设小组合作学习载体。课堂上通常存在的情况是，少数学生代替多数学生的思维，小组形成的意见很难得到清晰的表达，因此，学校将“小白板”引进了课堂。在小组合作学习产生需要时，每个学生都将自己的理解写到板上，同学之间展开思维交锋，形成一个或几个结论，交由授课教师批阅，完成合作学习任务。“小白板”集展示、交流、评价于一体，成为小组合作的有效载体。

加强“即时评价”。在分组合作学习时采取“异质同组”策略，引进课堂分组合作学习即时评价的概念，当场对学生个体或小组集体的学习情况进行有力的评说，及时记录每堂课中学习处于领先位置的学生或小组，创设多种评价载体调动学生参与积极性。

推进“限时四小”。“限时四小”指的是教师在小班化授课过程中，对40分钟课堂内四个主体模块的限时运作，分别是：“限时小白板”“限时小先生”“限时小测试”和“限时全员总结”。

“限时小白板”是指在限定时间内，各学习小组在合作学习产生需要时，每人都将自己的理解或小组形成的有价值的疑惑，写到本组的小白板上，然后“粘贴”到黑板上，交由授课教师批阅评比，完成合作学习任务。“限时小白板”集展示、交流、评价于一体，成为小组合作的高效载体。

“限时小先生”是指老师在“两支红笔进课堂”过程中，结合自己在巡视批阅过程中的发现，为每一个学习小组指定的临时小老师，负责帮助本组所有同学在规定时间内完成这一个学习环节的目标任务。

“限时小测试”是指每节课课前3分钟，教师根据本节课的教学内容，进行的当堂课测试。在限时小测试过程中，教师利用电子计时软件或各种计时器进行3分钟限时，在有节奏的提示音的“催促”下，学生对无形的时间有了清晰可感的把握，高效完成测试内容。

“限时全员小结”是指在每节课最后5分钟，采取全员参与的方式，全体学生同时起立，以抢答的方式，总结本课所学的知识点。

（3）做细“知识排查”，强化“二次批改”，确保“日日清”

做细“知识排查”。知识排查表可以把学生在知识遗忘或教师在辅导补救中因时间和精力有限而造成的损失降到最低，确保教师对学生知识排查的“日日清”，真正做到“关注每一个”。

强化“二次批改”。“二次批改表”是对“知识排查表”的再次深化和不断完善。提倡教师创造性地使用此表，可以有自己的标识、记号，不需要整齐划一，只求实用方便，每天随身携带，跟踪记录。“两表”现已成为教师每天离校前跟学生对话、“较真”的依据，能切实帮助学生完成“日日清”任务。

（4）加强教学视频切片研究，促进教师专业成长

学校坚持定期为每位教师录制课堂教学实况，按教学环节将每节课分成若干切片，第一时间交给教师。中层以上干部按学科分工，与教师一起，逐帧进行切片回放，开展深度解剖，定格诊断，查摆问题。教师在规定时间内形成翔实的个人教学反思，对课堂教学存在的问题制定改进办法，学校组织专家团队进行问题跟踪，帮助教师不断调整和改进教学，提高他们的专业能力。

四、关注个体，团队激励，让校园焕发生机活力

1. 用团队精神引领学校前行

从2008年开展小班化教育实践研究至今，学校每学期都提出一种价值观，并在全体教工中贯彻实施，成为每个人的共同追求，以营造优良的团队氛围。学校先后提出了“把过程做细，把细节做实，把小事做好”“每件事都会有一百种做法，要做就做出精品”“一个备课组就是一所学校”“一个人就是一所学校”“落实，落实，再落实”“做事的三种境界——完成任务，按时完成

任务，出色完成任务”“为自己鼓掌，为团队喝彩，为明天助威”“评价比要求有效，氛围比约束重要”“心动更要行动”等观点，形成教工的主流价值观，有效地规范和引领了每位教师的教育教学行为，用团队的力量，直面教学过程中的各种困难，实现了教学管理效益的最大化。

2. 将关注个体真正落到实处

没有关注就没有教育。“小班化教育”使教学过程中每个学生受关注的时间、频度都得到大幅提高，特别是大班条件下难以展开的对“学困生”的关注问题，在小班化教学中得以迎刃而解。学校提出“以‘学困生’掌握程度为检测起点，不让一个学生掉队”“不比起点比进步，不比智力比努力”等口号，将每节课的跟踪目标紧紧锁定在“学困生”，包括备课中对他们的预设，授课中对他们的提问，作业布置时对他们的重点关注等。同时，学校规定：对“学困生”的作业必须面批面改；个别辅导批改能解决的，绝不大面积进行；批改环节做到讲必练，练必批，批必评，评必纠，纠必查，查必改。

3. 让团队激励始终成为制胜法宝。

教育不是注满一桶水，而是点燃一把火。各项活动的开展，一切载体的创设，学校都引入团队竞争的概念。比如，“三分抽测”“晨诵展示”“晨练三部曲”“行为点评台”“今日我领操”优秀领操员评比活动、小班化成长手册、学案展评比赛、“小鲤鱼跳龙门”“小博士闯关赛”“金牌教练聘任”，等等，一个不少地将每个学生纳入团队考核与竞赛中来。学与不学，学得怎样不再单纯是个人的事情，“为团队荣誉而学”成为每个学生的共识。团队激励使学生变被动学习为主动学习，变单独学习为合作学习，变无奈学习为愉快学习，变个人学习为互助学习，学生的学习行为悄然发生了改变。

第三部分：学校的变化情况

有人说，做事的最高境界是“只管耕耘，不问收获”，学校没有刻意追求收获，而作为耕耘的副产品——收获却不期而来。近5年来，在国家、省、市、区的各级比赛中，先后有近 300 人次获得高层级奖项，荣获各种荣誉称号 35 项；教师参加教学大赛并有 65 人次获市级以上奖项；5 年中学校连续获得“大连市校本研修先进学校”“大连市德育工作先进学校”“大连市文明单位”“大连市巾帼文明先进单位”等称号；校长荣获“大连市劳动模范”“大连市优秀共产党员”等称号。5 年来除本区域之外，有包括南京、北京、天津、丹东、上海等 61 个地区的兄弟学校来校参观学习小班化经验，《人民教育》《中小学管理》《大连日报》等多家报纸杂志报道了学校的小班化教育和巨大变化。

变化之一：干部、师生的精神面貌焕然一新。走进今天的七十一中，扑面而来的除了环境的整洁优美、清新优雅，更多的是学生的彬彬有礼、活力四射，更多的是干部、教师的朴素热情、激情飞扬，在校园里一走一过，目光所及，一派积极进取、奋发向上的景象。

变化之二：教育质量持续提高，教学成绩稳步攀升。5 年中，区教育局和教师进修学校对学校进行了教学质量跟踪评价，各年级成绩提升显著，各项评价指标均由 5 年前垫底的水平，迅速跃居全区中上游，稳步进入西岗区“第一集团”行列，摆脱了教育质量多年在全区末端徘徊的落后局面。

以 3 年的中考成绩为例：2010 届中考总平均分全区第三、总及格率全区第二、全科及格率全区第四、等级科优秀率全区第二，参加考试的 118 名毕业生中，仅考入 24 中的就有 4 人，完成指标并通过市统调得到计划外指标 4 个，实现了近年来三甲学校零的突破；2011 年中考平均分全区第四、及格率第三、总及格率第四，完成指标并通过市统调得到计划外指标 7 个；2012 年中考重点入围率达到 49%，共有 10 名学生被三甲学校录取，通过市统调得到计划外指标 9 个。

变化之三：各项活动踊跃参加，特色建设成果显著。5 年中，在省市区举办的各种教学、体育、艺术、科技活动中，学校组织师生积极参与，先后有 102 人次获得高层级奖项，获荣誉称号 26 个，这是学校以往不曾有过的成绩。学校男子舞蹈、男子鼓乐队、科技、体育等品牌特色已经彰显。

2007年年底，学校成立了男子舞蹈队，自成立以来屡获市区级舞蹈比赛金奖、“全国魅力校园舞蹈大赛”金奖，并受邀参加“第五届全国校园文艺会演”，并作为中国唯一一支队伍代表参加了在俄罗斯举办的“世界仪仗队联欢节”。2010年年底，学校致力于“跨文化教育”的研究，成立“男子非洲鼓队”，这支东北首家初中“男子非洲鼓乐队”活跃在市区的各种大型表演现场，取得“器乐比赛金奖”等不俗成绩，为学校校园文化增加了更多元的内涵，七十一中的艺术工作走向一个新的高峰。

人人参与、全校普及的“花样跳绳”以其花样繁多、技术含量高一举成为全市大课间的楷模，在多次省市级检查和来访表演中受到好评，并与上海悦动、香港、比利时等花绳高手同台竞技，反响强烈。全国各地前来参观学习花样跳绳的兄弟学校络绎不绝。科技特色历史悠久，成绩突出，曾获国际大奖，已由少数人参加的兴趣小组发展成为人人参与的校本课程。

变化之四：教师个体自信张扬，教师团队蒸蒸日上。在2008年9月大连市东北三省四市教学大赛选拔中，全市共8名教师入围，学校就有两名教师跻身其中，引起市区教育局的关注。在2010年、2011年西岗区举办的教师“希望杯”和“风采杯”大赛上，七十一中分别以总分第一名、第三名的优异成绩力压群雄。2007年至今，先后有108人次跻身国家、省、市、区级的光荣榜。夏明老师荣获大连市首届“我最喜爱的十大青年教师”和西岗区首届仁爱之师，成为教师中的一面旗帜。年轻教师艾茹参加班主任基本功大赛一路过关斩将获得辽宁省一等奖。期间共有56人次教师在市区级活动中做经验交流，同时许多教师受邀走出校门，跨出地域，在北京、上海、香港、南京、天津等地参与学术交流及经验介绍达25人次。在9次大型现场会上，七十一中教师侃侃而谈、如数家珍，展现在领导、同仁面前的是一种斗志昂扬、朝气蓬勃的团队形象。

第四部分：存在的主要问题及解决对策

一、干部、教师队伍建设问题

现在的干部队伍架构是本学期刚刚组建的，无论是调任新职还是新近加盟的干部，都为这支队伍带来了新的因素和新的变化，因此，干部队伍需要快速融合、磨合与契合，尽早形成合力，形成战斗力。同时，面对学校发展新的机遇和挑战，需要每个干部明确目标，坚定信念，认真学习，深入研究，不断提高自身综合素质，不断增强管理能力，提高管理实效。

教育质量的持续提高和管理层次的不断提升，对教师队伍提出了更高的要求，优秀教师、骨干教师、特色教师的培养就成为我校教师队伍建设的当务之急，加强师德建设，提升学科素养，增强人文修养，提高施教能力，都将是学校今后教师队伍建设的重点内容。

二、小班化教育实践问题

几年来，学校在小班化教学实践中取得了可喜成绩，教学质量持续稳步提升，为学校赢得了荣誉和尊严，为学生的可持续发展奠定了坚实基础。与此同时，学校也看到，小班化教学研究必须向纵深发展，不能停留在现有高度和层面，应下气力研究小班与质量的内在关联，研究小班环境下提高课堂教学实效的潜在规律，将小班化教学研究和实践提高到更加理性的高度，使小班化教学真正带来课堂教学变革，从而最大限度提高教学质量。另一方面，小班化教育必然带来班级管理的巨大变化，带来与以往相比学生成长的不同方式，对这些变化与不同的优劣学校关注和研究得还相对较少，需要在做好小班化教学研究的同时，加强对小班化教育的探讨，不断转变管理理念，为学生健康成长创设优良的环境和氛围。

三、片区可持续发展问题

片区管理模式是在西岗区通过实践得到认证的可行方式，为中小学教育教学全方位衔接提供了便捷的平台和可操作的方法。但片区的优质发展取决于两个主要因素：一是中学的高端引领，二是小学的快速跟进，缺一不可。作为片区的领头雁，学校的进步与发展必须走在片区的前列，以高端的设计和优质的成绩引领对口小学的提升，现在七十一中基本做到了这一点，但要想持续发展，更好带动两所小学振翅高飞，还任重道远，还需加倍努力。同时，两所小学也应该与初中同频共振，做好相应规划，加强中小学衔接，想方设法改进和加强教育教学管理，提高管理实效。目前来看，因为外来务工人员子女占学校学生总数的比例较大，两所小学都存在着较重的负担，提升质量同样需要付出艰苦的努力。近期，兆麟小学新校舍的启用以及建设小学办学条件的不断改善，都会给两校带来良好的发展机遇，会给学校管理创造氛围与契机，抓住机会，乘势而上，是这两所小学需要认真研究的方向，也是七十一片区共同努力的方向。

梳理学校成绩取得的经验，就是"全覆盖逐点透析式管理"，小班化教学合一的创新，用心谱写德育乐章，持之以恒的团队建设。"小班化教育"的研究与实践，使七十一中这样一所学校发生了巨大的变化，而且将继续影响和推动学校的可持续发展。

路漫漫其修远，七十一中人还将求索不止。

精诚求索圆梦，艺体齐飞双赢

——辽宁省艺体示范区评估验收汇报材料

“抓好学校艺体工作是一件大事，关系到每一个学生的健康成长，关系到平安校园、和谐校园的创建，关系到中华民族的长治久安。”大连市第七十一中学在上级教育部门的正确领导下，本着“整体规划、点面结合、夯实基础、争创特色”的策略，以“体育艺术 4+2 项目”为载体，用音乐为孩子插上一双隐形的翅膀，让运动伴随孩子幸福的一生，七十一中人在用实际行动诠释着“关注每一个”的办学理念。现根据《辽宁省体育艺术强区建设督导评估细则》，将我校创建辽宁省体育艺术强区工作情况作如下汇报。

第一部分：基本情况介绍

一、统一思想，提高认识

根据教育局的有关要求，我校先后组织了行政领导和全体教师认真学习上级有关文件精神，统一全体师生对“体育、艺术 4+2 项目”的认识，以“激情教育”为主题教育思想，全面贯彻落实党和国家德、智、体、美全面发展的教育方针，进一步推动我校体育和美育工作的改革与发展，为学生的全面发展奠定良好的基础，为切实减轻过重课业负担创造有效载体。我们将学生“每天锻炼一小时，健康工作五十年，幸福生活一辈子”作为我们做好这项工作的终极目标。

二、建立组织，制定规划

我校把“体育、艺术 4+2 项目”作为“一把手工程”，校长是开展“体育、艺术 4+2 项目”活动的第一责任人。学校成立了由校长杨学慧为组长，书记陈娜、副校长彭警为副组长，教导处、体育组和全体班主任为组员的“体育、艺术 4+2 项目”领导小组，制定了《大连市第七十一中学“体育、艺术 4+2 项目”活动方案》，并依此在目标原则、活动项目、场地器材、教师分工、活动记载、测评认定、考核奖惩等方面逐项落实。

三、加强软硬件建设，为“体育、艺术 4+2 项目”活动的有效开展铺平道路

1. 加大投入力度，改善办学条件

体育、艺术活动的场地、器材等硬件建设是实施学校“体育、艺术 4+2 项目”的必要条件。为更好地为体艺工作提供保障，学校借西岗区创建辽宁省教育强区的东风，不断加大对艺术、体育教育的资金投入，设立专项资金，全力保障体育、艺术教育硬件及软件建设。各种体育、艺术类设施、设备、活动器材均按国家一类标准配备，各种演出服装几百套，可满足体育艺术类课程教学和课外教育活动的需要，使用率达 100%。

2. 建设一支素质过硬的体育与艺术教育教师队伍

实施“体育、艺术 4+2 项目”首先需要一支素质精良、乐于奉献、脚踏实地、勤勉敬业的教师队伍，我们将专业师资进行分块管理，一员负责，责任到人，一人一队，形成了人人有队，队队有人的良好局面。充分挖掘每位教师的专业方面的优势，形成优质资源共享，优势互补的局面。同时，注重对教师队伍培养培训的提高，使他们成为专业性名师，更成为专家型的精师。

四、依据学校实际，精心设计活动载体，认真组织实施

1. 依托社团，规划项目

我校在充分考虑场地、生源特点、学生兴趣爱好的基础上，共开设了 9 个不同类型的项目，即合唱队、非洲鼓队、男子舞蹈队、健美操队、篮球队、黑白画小组、水彩画小组、书法小组和剪纸小组。这些活动项目的开设，满足了不同学生的个性发展需求。

2. 开齐课程，开足课时

每周安排三节体育课，音乐课、美术课各一节。

3. 确保大课间活动，保证锻炼质量

学校坚持进行晨练三部曲，夏季每天一套广播操、一套花样跳绳，冬季保证学生每天两次集体跑步 1 500 米。为了给学生提供展示机会，学校坚持开展优秀领操员活动和花样跳绳活动。

4. 创设载体，搭建舞台

开展丰富多彩的文体比赛活动和各类实践活动，推动学校“体育、艺术 4+2 项目”工作深入开展。每周一的升旗仪式是每个班级国学教育展示的舞台，每天中午的快乐午间是孩子们个性特长得以张扬的快乐时光，间周三的午休时间是校园广播站通过电波与同伴沟通的窗口，每年的一二九接力赛将班级合力再次凝聚，体育日上有孩子们矫健的身影，艺术节上有学生们积极参与的欢歌笑语……

学校每年组织一次运动会，两次广播操比赛、三次花样跳绳过关展示比赛、大合唱比赛、班班有歌声比赛、校园集体舞比赛，举办一次科技艺术节、书画展览以及班际篮球、乒乓球比赛等，充分展示我校开展“体育、艺术 4+2 项目”的丰硕成果，推进学校“体育、艺术 4+2 项目”工作向纵深发展。

5. 美术活动已成常态

学校的美术活动小组也开展经常性的活动，培养学生的艺术特长，陶冶学生的性情，提升学生的审美观，学校的“一校三队”成为艺术教育的亮点。

6. 科技活动彰显品牌特色

我校坚持开展小发明、小制作、小实验、小论文、头脑奥林匹克等科技教育活动，学生参与率达到 100%。科技教育活动在我校已结出了丰硕的果实：发明创新、头脑风暴、模型比赛有 30 多人次获全国大奖，如“国际青少年头脑创新精英选拔赛”中国赛区金奖、“宋庆龄发明基金会优胜奖”，18 人拥有个人国家专利，15 人获全国奥林匹克奖，10 人次在省机器人大赛榜上有名，省、市、区各项科技活动数百人次获得奖励。

7. 卫生工作扎实推进

学校始终坚持“两操两课”（眼保健操和亮眼操，体育课和课外活动）制度，注重学生身体素质的提高与眼睛保健。同时，每学年对学生进行一次体检，建立学生健康档案，针对存在的问题及时采取措施。加强对流行性疾病的预防，学生的健康防病意识不断增强，人人养成良好的卫生习惯。学校加强六病防治，坚持“预防为主，防治结合”的卫生工作方针，特别是今年的学生近视新发病人数牢牢控制为 7 人，近视新发病率为 7.14%，低于省级标准，呈现出良好势头。

第二部分：学校体育艺术工作亮点

一、个性每一个的艺术教育——巧妙切入、实现突破

有人说，艺术感觉越强的学校越有光泽，越有色彩。而七十一中学生源现状给学校的艺术化教育提出了严峻的考验。如何用艺术教育培养学生热爱学习的好习惯，涵养学生自强自爱的良好气质，是我们面对的严峻考验。

1. 另辟蹊径，独创男子舞蹈队

2008年，借西岗区舞蹈大赛的契机，我们打破常规，另辟蹊径，成立了“男子舞蹈队”，巧妙切入学校的艺术教育，让这些几乎是零起点的男孩子们成为学校艺术教育的排头兵。几年来，我校先后聘请了省、市艺术院校的专家担任艺术顾问，利用校本课程对其集中培训，坚持以老带新，以新促老的原则，共培养队员100余名。男子舞蹈队自成立以来屡获市区级舞蹈比赛金奖、“全国魅力校园舞蹈大赛”金奖，并受邀参加“第五届全国校园文艺会演”。如今男子舞蹈队已经硕果累累，2008年，舞蹈《和谐鼓韵》获市区级舞蹈比赛金奖；2008年获全国魅力校园舞蹈大赛金奖；同年受邀参加“第五届全国校园文艺会演”；2009年，《军营感怀》在省市舞蹈大赛中揽得一系列舞蹈奖项；2010年，《草原骄子》《那风·那雪·那人》等舞蹈作品走进大连市城市友好交流的舞台。《人民教育》《大连日报》《小螺号》及大连电视台等媒体给予关注报道。

2. 推陈出新，成立东北第一支非洲鼓乐队

2010年年底，学校致力于“跨文化教育”研究，成立“男子非洲鼓队”。这支东北首家初中“男子非洲鼓乐队”活跃在市区的各种大型表演现场，取得“器乐比赛金奖”等不俗成绩，并作为中国唯一一支代表队参加了在俄罗斯举办的“世界仪仗队联欢节”，为学校的校园文化增加了更多元的内涵，七十一中艺术工作走向一个新的高峰。当《人民教育》《大连日报》也出现“大连市七十一中学”这个名字的时候，我们知道，这些动情的文字是鼓励，更是期许，艺术教育的生命张力正在七十一中每一个孩子心中蔓延。

二、健康每一个的体育理念——参与每一个、展示每一天

1. 绳舞飞扬，舞动亮丽风采

我校依托4+2的规定项目，充分利用大课间操时间，将人人参与的花样跳绳打造成为学校的品牌项目，成为大连市跳绳运动协会的示范基地。在多次省市级检查和来访表演中受到好评，并与上海悦动、香港、比利时等花绳高手同

台竞技，反响强烈。全国各地前来参观学习花样跳绳的兄弟学校络绎不绝。花样跳绳已经成为我校大课间操一道亮丽的风景线。在短短几分钟内，同学们要完成3大类18种花样的变换，全校学生一个都不少地参与其中，这也是对小班化理念——关注每一个的最好诠释，更达到以绳会友、以绳健智、以绳合作、以绳交流的目的，形成学校的跳绳文化。

2. 人有我优，健美操队挺进市级先进行列

为了让更多孩子感受到力与美的魅力，学校成立健美操队，充分利用校本课，让学生们在练习过程中完成塑造自身形体与姿态美的训练。2012年第十一届“十一中杯”大连市中小学健美操大赛中我校获大众操第三，啦啦操第三，总成绩第四的好成绩。

三、片区特色传承，实现质量共赢

1. 统一规划，立体架构

立足片区特点，梳理出七十一片区的“七个一”总体框架，并以此为发展思路引领片区管理。具体包括：“一室”——成立一个激情创意工作室；“一读”——三校同奏“晨练三部曲”；“一绳”——花绳陪我舞翩跹，成立“飞凡花样跳绳俱乐部”；“一操”——成立“青春飞扬健美操活动馆”；“一舞”——成立“激情鼓点”男子舞蹈社团和非洲鼓乐队；“一课”——编写英语“片本”教材，定期走入片区课堂；“一舞台”——三校共同搭建属于片区孩子的一方舞台。“七个一”思路成为一年来片区发展强有力的保障，在这方舞台上，当三校的孩子一起用花绳、健美操和鼓乐来演绎“激情”“阳光”和“关注”的时刻，操场内外掌声雷动。

2. 找准优势，实现对接

众所周知，兆麟小学的花样跳绳水平顶尖，享誉国内；建设小学的健美操市区有名，成绩斐然；七十一中的男子舞蹈堪称后起之秀，屡获金奖；片区的黑白画也是人人普及。针对这些优势，三校分别以花绳、健美操、男子舞蹈、

黑白画作为领头雁牵头组织本片区特色优势项目，小心呵护，用心经营。学校聘请片区特色教师专项负责，坚持定期训练、定期展示，片区则最大限度地利用片区联欢会、片区毕业典礼等机会为特色项目提供展示机会，设立特殊贡献奖，扩大宣传，跨校吸引招收新成员。而今兆麟小学已在低年级段创建了男生舞蹈队，为中学舞蹈队储备了人才；建设小学健美操领头雁也发挥巨大的辐射作用，三校健美操已各具特色，各领风骚。此模式使特色训练前移，训练质量上乘，梯队建设充分，达到了特色建设的高效衔接。

体艺之花香满园。学校虽没有刻意追求收获，而作为耕耘的副产品——收获却不期而来，5 年中，在省市区举办的各种教学、体育、艺术、科技活动中，学校组织师生积极参与，学校成为大连市花绳协会的示范基地，先后有 102 人次获得高层级奖项，国家级奖项 4 个，省级奖项 11 个，市区级荣誉称号 20 个，这是学校以往不曾有过的成绩。学校男子舞蹈、男子鼓乐队、健美操、科技、体育等品牌特色已经彰显。

我们深知：对于学校教育而言，艺术体育教育既是素质教育的内容，又是素质教育实施的重要手段。我们将克服师资力量不充分、科研引领需加强等困难，着眼“个性、特色”，为落实因材施教，深化素质教育改革打下坚实的基础。

创建助教式合作教学，开启学习者课堂新局面

日前，大连市初三研训活动中呈现的一节“话题牵动式”读写课，引发了与会者对西岗区学习者课堂的再度聚焦。课堂所呈现的“助教式合作教学方式”已成为我区构建学习者课堂的又一载体。七十一中学也在持续跟进这种新的教学模式，现结合学校的英语课堂教学将西岗区关于“助教式合作教学方式”的探索与实践做以梳理，尝试推进学习者课堂新教学模式的新发展。

一、实践背景介绍

1. 现实依据

（1）基于生源特点

近年来，西岗区生源数量有所下降，其中不乏大量外地务工人员子女，有些学生几乎是“零起点”，学生基础参差不齐。面对学生多元化，传统的统一授课模式已经难以满足“高效课堂”的需要，或对一些学生而言“输入不足”，或对另一些学生而言“输入困难”。这不仅是对教师个人能力的考验，也是对长期的传统教育理念的挑战。我们亟须一种新的教学模式的变革。

（2）基于师资特点

任何一所学校都始终围绕着五个因素：课程、课堂、学生、教师、管理。课程建设和课堂改革离不开教师的成长，学生的发展维系于教师的成长，学校的生命力在于教师的成长，可见，一切的突破点聚集于教师发展上。我区近些年新教师凸显出学历高、综合素质强、思维活跃等特点，但初涉讲坛的她们面对学生的多元化难免应接不暇，为帮助青年教师平稳度过“入职适应期”，在小班中心的引领下，部分教师形成了“青年教师联合体”，纷纷组建“助教搭

档”，开展助教式合作教学的实验。

2. 理论依据

美国丹佛大学的吉姆·戴维斯在著作 *Interdisciplinary Courses and Team Teaching: New Arrangements for Learning* 一书中言简意赅地诠释了合作教学的含义，即“两个或更多的教师合作，共同设计并实施一门课程。”

加利福尼亚大学的 Marilyn Friend 和 Lynne Cook 在 *Interactions: Collaboration Skills for School Professionals* 中以及美国田纳西州范德堡大学的学习中心（The Center for Teaching in Vanderbilt University）都详细介绍了合作学习的方式。可见，合作学习已经引起了国际社会的广泛关注和研究，这为我区探索助教式合作学习提供了坚实的理论基础。

二、操作方法和实践流程

1. 操作方法

我区在借鉴了国外合作教学的理论与实践的基础上，结合本区实际情况，初步形成了“助教式合作教学”实践方法：两位教师“捆绑教学”（本班为“责任班”，另一班级为“助教班”），形成命运共同体。教师在助教班中，主要负责课堂观察、课堂管理、辅助教学、评价反馈及教学信息的搜集。学校对教师的评价也实行“捆绑评价”，这种教学和评价模式贯穿学科教学的全学段。

2. 实践流程

（1）课前准备“助什么”

在课前，首要任务是确定“辅助目标”，即根据学生近期表现选定助教格外关注的“目标生”，并合理安排主讲教师和助教的责任分工；其次是完成教学设计，两位“捆绑”教师需共同确定教学目标，整合教学内容，研究教学方法，设计教学环节，对拓展资源的获取、师生互动的方式、教学环节时间的分配、当堂检测的内容等都要进行精心充分的设计，对从中出现的教学困惑寻求多方面的支持。

（2）课中协同“怎样助”

在课中，主讲教师面向全体进行教学，助教则重点从以下方面辅助，创设协同助教、和谐共生的氛围：

一是全过程观察学生的表现，搜集信息，进行记录，对学习状态不好的学生及时干预；

二是在课堂前测环节，快速地批改并反馈成绩和易错点，帮助主讲教师调整教学起点和任务；

三是在小组讨论的环节，参与到各小组中，作为他们的一员进行引导，组织小组成员，保证分工明确，避免“尖子生陪太子读书，待进生搭车”现象的出现；

四是在口头练习环节，如对话、复述课文时，助教老师承担班级二分之一的小组反馈检查任务，并将评价情况反馈给主讲老师，由主讲老师统一向全班反馈、评价；

五是在口头反馈环节，鼓励身边学生举手发言，增强他们的自信心；

六是在进行重点知识或学生容易混淆的知识点讲解时，将一些接受有困难的同学带出班级，单独对知识点进行分解教授，保证小班和目标学生可以在不同的时间段内完成相同的任务。

（3）课后跟进“助效果”

一是将课上观察到的与当时课堂决策无关的信息汇总,并反馈给主讲教师，为教学设计的改进提供依据；

二是结合当堂课检测学生的达成情况，与主讲教师共同反思，提出改进教学的方案，并设计教学跟进活动；

三是依据改进教学的方案，回到自己的班级担任主讲教师，实施更加高效的教学。

三、实践效果及现实意义

七十一中学的助教式合作教学践行了我区“学习者课堂”的理念，强调课堂要以学习者为主体，学习者要以学习为本，而教育要以人的主体性为主，真正做到了“还教于学、还学于生、还生于人”，在全校教师的共同努力下，取得了阶段性的教学效果。

1. 还教于学，让不同层次的学生共同进步

（1）单独配题，个别反馈，助优等生更大提升

在计时练习的环节，老师发现能力较强的学生所用时间远远小于规定时间。为满足这部分学生的学习需求，两位教师精选习题、共同设计，呈现思维含量更高的测试并当场反馈。通过分层次地布置习题保证了全班学生完成基本目标，部分学生收获拓展提升。

（2）强化激励，关注个体，点燃后进生学习热情

针对一些意志较为薄弱、注意力不集中的学生，采取“集中强化”策略。助教老师会有意识地来到目标生身边，对于难点环节帮助他们进行二次消化，适时地表扬鼓励，让他们在每一次回答问题的过程中找回自信。逐渐，同组人态度的转变让他们获得了归属感，更加积极地参与到学习、讨论活动中，成绩日益提升。这就像一个“按钮”，开启了“良性循环”。

（3）以生为本，创“班中班”崭新模式

对于入学时基础格外薄弱的孩子，教师为他们成立了“班中班”，以便随时随地给予指导。从简单的水果、衣服等单词的音形结合到动词 be 的用法无不耐心讲解。这种特别的关注、特别的支持让孩子们慢慢地发生了变化：他们从被动接受到主动寻求帮助、自觉自愿地接受检验，愈燃愈旺的学习热情让他们对英语学科不再惧怕，在脚踏实地的努力中收获了成长。

2. 还学于生，让不同形式的载体灵动课堂

为激发学生学习热情，老师们创设了丰富多彩的活动形式：说唱英语、棋式小组评价、人人参与的课堂小结形式让英语课堂成为学生爱学、会学、勤于学习、善于合作、自主学习英语的场所。

（1）说唱英语，让学生爱上学英语

为让学生体验语言学习的快乐，将每节课第一环节设置为"说唱英语"。教师结合话题、生词、听说和阅读单元的重点内容编排成一首首歌谣，与学生一起唱。学生的热情瞬间被点燃，在喜悦的氛围中师生共同聚焦话题、体验词汇、重温教学内容。不知不觉中，成长如约而至。

（2）棋式小组评价，让学生勤学英语、善于合作

"学习者的课堂要体现学习过程中学生与环境的相互作用，要让学习内化为每一个学生的自发自主行为和学习者共同体的集体风尚。"为确保学生小组合作学习的有效性，教师们开创了"棋式小组评价"：将小组整体评价与组员个人评价相结合，并将前者赋予更大权重。小组评价棋板会记录每一节课学生的课堂发言情况，若是小组共同展示，则可以获得加倍得分。学生们不甘落后，积极参与到课堂中来，在评价机制的牵引下实现了团队共进。

（3）全员参与式小结形式，引导学生自主归纳，会学英语

为检验学生学习效果、关注到每一个学生，课堂结束前采用了人人参与的课堂小结模式。学生进行头脑风暴，通过对本节知识的回顾、归纳、整合，分享自己的收获，既强化了知识的吸收，又锻炼了归纳、总结、表达、倾听的能力，无形中引领学生学会学习的方法。

3. 还生于人，着眼于人的主体性发展

初中阶段在人的整个发展过程中至关重要，学会调控自己的情绪、形成多元思维、学会与人合作的技能是学生走向成熟的必经之路。"助教式合作学习"恰恰关注到学生的情绪管理，引导其认知能力向高阶思维发展，并在活动中学会与人交流、合作，这是按照未来社会需要的"'人'的方式来理解人，把握

人，培养人，把学习者的主体性真正落到了实处”。

（1）促进学生学会情绪管理，专注于学习情境

在学习过程中，学生的情绪时常会有这样或那样的波动起伏，主讲老师受教学任务的限制，往往对学生的学习情绪关注不够。而助教老师则可以在第一时间观察到现象，及时与学生沟通补救，将学生带回学习情境。久而久之，师生间的信任感在频繁互动中渐渐搭建、稳固，学生也逐渐学会自我调控情绪，专注于课堂。

（2）改变了对教材的单一诠释，促进学生认知能力的发展

“助教式教学”为学生搭建了体验不同风格的课堂、多视角理解教学内容的平台。以学校两位教师搭档为例，宋为老师更擅长挖掘文本的内涵，而姜雪松老师更擅长创新使用教材；宋为老师上课偏向安静扎实，姜雪松老师上课则活泼幽默。在助教式合作教学的过程中，两位教师可多维设计教学目标，挖掘问题设计的思维含量，从多角度诠释教学内容，设计多元活动，让课堂“动静结合”，促进学生的认知能力逐步向分析、综合、评价和创造等高阶思维发展。

（3）为学生学会合作提供范例

在世界多极、文化多元、知识爆炸的今天，合作的价值毋庸赘言。在助教式合作教学的课堂中，“合作”不单单是一种学习方式，学生感知的不仅是多元视角、多重体验，更重要的是看到了“教师之间的合作”。在身临其境的观摩中，学生们会发现：“合作”可以提升效率，合作并不难，是可以学习操作的。如此真实的可模仿的范例，对学生在现实生活中与同学交流乃至未来走入社会与世界对话都有不可磨灭的意义。

同时，助教式合作学习也促进了合作教师的快速成长。她们一同探索教学的奥秘，分享教学设计的快乐；她们痴迷于设计，对每一节课都精雕细琢；她们渴望实践，对每一个教学环节都充满热情；她们勤于反思，从每一个案例中汲取成长的养料；她们换位实践，互助提高。两位教师很快在青年教师中脱颖而出，她们多次呈现小班化区域展示课，姜雪松老师还作为我区英语学科的代

表，远赴山东东营进行小班化学习者课堂的课例展示。

对人的关注与思考，是教育的第一要义；对人的尊重与理解，是教育的前提与根基；而人的发展，则是一切教育活动的宗旨和意义之所在。助教式合作教学不但为英语学习者课堂增能提效，还让师生在合作、愉悦、高效的情境中共同成长，真正体现了“以人为本”的发展理念。助教式合作学习已成为西岗区崭新的课堂教学模式，并已在其他学科中再次实践推广，收效良好。我们期待,助教式合作学习能够在更多的实践中日臻完善,开启学习者课堂的新时代!

“片区 + 校群”管理新模式，助推片区学校协同发展

近年来，西岗区教育发展取得了令人瞩目的成就，成为辽宁省首个义务教育强区，并正在向全国现代化教育强区迈进。我区义务教育时段的中小学衔接研究已开展多年，并初见成效，在此基础上，我区充分考虑义务教育阶段教育的连续性，从创新教育管理入手，大胆提出“片区 + 校群”管理理念，推行“片区 + 校群”网络化均衡管理新模式，以期达到片区融合，校群共赢的良好局面。

一、“片区 + 校群”概念的提出

“片区 + 校群”模式是指“纵向上的片区有效联动”和“横向上的同学段强弱校联合”模式。

“纵向上的片区有效联动”是指我区将片区内对口中小学组织起来，实行松散型的九年一贯制管理，由中学牵动，进行集中规划与设计，围绕稳定质量、提升质量，稳定特色、提升特色的目标，促进片区内中小学共同发展。

“横向上的同学段强弱校联合”是指采取新老优质学校轮值制度，共同探讨本学段问题和片区发展中的难题，建立信息和方法沟通机制，形成“校群”管理模式。

目前，西岗区共成立了九大片区和五大校群，现就片区管理模式向大家做简要交流。作为九大片区之一的七十一中片区三年来认真投身其中，积极尝试，取得了一些成功经验及感悟，这里将一些做法与大家分享。

二、七十一中片区简介

大连第七十一片区坐落于西岗区东北角，大连火车站附近，毗邻繁华的商业街和批发市场，整个片区为棚户区所覆盖，借读生比例最高时达 80%。七十一中片区由一所中学——大连七十一中和两所小学——兆麟小学、建设小学组成。片区共有学生 1 820 人，教师 166 人，随着 2011 年七十一中学、建设小学校舍改建和 2012 年兆麟小学校舍重建，片区三校软硬件条件发生了明显变化，办学设备优良，电子白板等现代化教学设施配备齐全，专业教室功能完善。

本片区又名“激情片区”，以激情教育为主题教育理念，包括：建设小学的“激情 * 关注”、兆麟小学的“激情 * 阳光”、七十一中学的“激情 *2020”。此片区是大连市目前最密集的借读生聚集地，如何让这些流动的花朵幸福地绽放在第二故乡？如何让他们的桑梓年华在大连这片土地上留下美好的回忆？片区立足本片实际，突出“关注每一个、尊重每一个”的小班化教育理念，提出“阳光自信每一天”“幸福精彩每一个”及“不比起点比进步，不比智力比努力”等片区口号。

片区确定了共同的发展目标、阶段发展计划和发展项目，形成了七十一中“七个一”片区整体文化建构，具体包括：“一室”——成立激情创意工作室；“一读”——三校同奏“晨练三部曲”；“一绳”——成立“飞凡花样跳绳俱乐部”；“一操”——成立“青春飞扬健美操活动馆”；“一课”——坚持英语课堂同课异构，编写“英语片本教材”；“一舞”——成立“激情鼓点”男子舞蹈社团和非洲鼓乐队；“一舞台”——三校共同搭建属于片区孩子的一方舞台。

三、片区管理经验及做法

1. 整体架构，完善管理机制

首先，成立了片区管理小组及片区教研共同体。实现层级管理，不定期开展活动，各学科成立片区大教研组，每学期召开一次全员参加的研讨活动和两次联合教研活动。

其次，确立了片区发展思路，即“合作发展、携手共进”的工作思路，共同签署合作发展备忘录，将片区管理研究制度化、规范化、常态化。

然后，制定了片区管理研究方案，重点围绕学科教学研究、学生管理研究、特色项目研究、教学质量研究四个方面展开研究。

最后，还确定了片区管理原则，即“中学提前介入、向前延伸，小学打好基础、适度超前”的原则，在小学六年级和中学一年级展开具体研究，并将此研究前伸后延。

2. 教研引领，优化管理过程

一是定期研讨，达成共识。我片区每学期坚持开展一次中小之间的同学科异构、小小之间的同学段异构研讨活动，通过研讨、辩论等形式达到纵向上的相互渗透，横向上的学科整合。

二是创设载体，巧妙介入。我们尝试采用“5.5+3.5”的学制模式，将初一上学期的部分知识前移，在巩固小学知识的基础上，完成初一部分教学内容，既可缩短小升初的调适过渡，又可为初中三年赢得时间。具体做法是：由大循环应届初三教师亲自编写小六假期题，签发到毕业生手中，为其自主完成预习内容提供抓手，并以升级检测活动为保证，使其巧妙介入。此形式既是孩子们踏入中学校门时开展检测升级活动奖励基金评定的重要依据，又为学生进入中学赢得了宝贵的过渡时间。

三是依据评价，有效干预。创新成绩分析会形式，开展大片区整体分析，将两校六年级七个班级作为一个整体进行统一质量分析，极好地发挥了片区干预教学的积极作用。

四是家校联动，科学指导。定期组织中小衔接家长会，举办“升入初中你准备好了吗？”主题培训，系列培训如及时雨深受家长欢迎，既为家长如何进行科学家教支招，又使家长自然而然地走进初中近距离地了解学校。百闻不如一见，家长咨询会、学生开放日等活动助推招生工作高效而有序地顺利完成。

3. 特色牵动，共享发展成果

我们立足片区实际，挖掘片区特色资源，发挥特色教师作用，整合、统筹片区特色发展项目，确保中小学特色的有效承接，保障片区学生九年培养方案的实现，并通过学生特长发展的系统衔接，使片区促保学苗工作获取有效载体。

三所学校分别以花绳、健美操、男子舞蹈作为优势项目，用心经营，专人负责，定期训练，定期展示。此模式使特色训练前移，由原来各校的独树一帜、独领风骚变成今日三校特色项目的趋向一致，协同发展。兆麟小学的花样跳绳水平顶尖，享誉国内；建设小学的健美操市区有名，成绩斐然；七十一中的男子舞蹈堪称后起之秀，屡获金奖。而今在相互引领下三校花绳特色已经由点到面，规模壮观；两所小学也已创建了男生舞蹈队，为片区男子舞蹈特色巩固储备了人才；三校健美操队在市区比赛中都取得了不俗成绩；同时在艺术方面，竖笛作为片区孩子必备技能也已得到广泛普及。至此，辽宁省艺体“2+1”及西岗“4+2”目标在我片区已得到较好的贯彻与落实。

4. 系统整合，共享片区资源

第一，专业教室资源共享。通过编排片区“大课表”，确保专业教室等资源利用最大化。

第二，名优教师资源共享。成立了片区学科教学专家组及优秀班主任指导团队，充分发挥片区名优教师的辐射引领作用。

第三，教科研成果共享。我们进一步梳理研究课题，整合形成了“小班化高效学习管理的研究”这一片区课题，形成了片区研究合力。

第四，管理经验共享。我们以中学为主导，定期组织开展学校管理观摩交流活动，总结提炼片区成功管理经验，通过开展片区集体诊断，发现和改进管理中存在的问题，实现共同提高。

各位领导同仁，请相信“片区＋校群”管理模式的无限魅力，同时我们坚信七十一中片区发展之路定会一路风景，片区管理带给站北地区百姓的殷殷目光中饱含着对教育的关注也一定会“守恒”。片区管理定会灌溉出一块生机盎然的土地，激荡出一片激情无限的教育风景。

乘借东风，扬帆远航

党的十八大报告把“努力办好人民满意的教育”作为标题，放在改善民生和加强社会建设之首，突出体现了科学发展观以人为本的基本思想，明确提出“积极推动农民工子女平等接受教育，让每个孩子都能成为有用之才”。对教育公平提出了进一步要求，阐述了促进教育公平的具体内容，对公民依法享有平等受教育的权利给予了准确的界定。我区提出的“让每一个学生都进步，让每一个教师都成长，让每一所学校都发展”的教育理念与这一思想不谋而合，这也进一步坚定了我们沿着既定的办学方向,乘借十八大东风扬帆远航的信心。

近年来，我们亲历了区委、区政府、教育局对我们这样一所薄弱校的关心与扶持，深感生活在我区的农民工子女是幸福的。随着教育强区的创建，学校旧貌换新颜，硬件设施得以全面更新，软件发展得以更大限度地提升。在与经常来我校参观的外地学校进行的交流中，我们通过对比，感受到我区教育硬件的投入和软件的发展都是超前的，让来参观学习的地区与学校赞叹不已。我也每每为此感到自豪，更为生活在这里的农民工子女感到幸福。

结合十八大报告的学习，作为农民工子女居多的学校，我们深感责任重大。我校的农民工子女比例已超过 70%，他们在这里享受到了与城市孩子一样的物质条件，分享了我区教育发展给他们带来的实惠，但仅停留在这个层面还远远不够。按照马斯洛的需要层次理论，当物质条件得到满足后，他们一定会有更高的精神方面的需求，这是我们今后办学中必须面对的问题，即如何使其精神层面更加富足，如何使其得到更多的关注与尊重。围绕这一点，我们将做好以下几方面工作。

一、关注尊重每一个，让关爱成为校园主旋律

1. 关注尊重，感动每一个

我校农民工子女比例达到 70%，最高时达 80%，且近 30% 是单亲家庭。针对特殊学情，我们将尊重、关注每一个定义为学校育人的主旋律。校园文化也在处处传递着这种精神。比如学校正厅设计的黑白影像墙上那两行大字："在老师的眼里他们都是伟人，在母亲的眼里他们都是孩子"，格言意在让每一个人都能领略其震撼意义：孩子不是轻而易举地就能成为社会的有用之材，只有得到公平教育的孩子，才会成为社会的栋梁。这幅作品的精神内涵就是对尊重关注每一个的最好诠释。此外"谁不说我家乡好""桑梓年华"等板块，让这些流动的花朵及家乡的风土人情成为校园文化的主流，使之产生以家乡为傲的真情实感。

2. 期待信任，成就每一个

七十一中学的校徽由一个问号和一个感叹号组成，学校精神是"做求真的小问号，做精彩的感叹号"。特殊的家庭状况导致他们中的大多数自卑怯懦，学校精神的创立意在激励七十一中的每一个"小问号"终有一天都会挺直胸膛变成一个个"感叹号"。正基于此，学校设计了"人人参与——升旗手""人人展示——我领操""人人祝福——我生日""人人担当——讲解员""人人记录——成长集""人人融入——快乐午间""人人捕捉——精彩瞬间"等活动，同时创立了男生舞蹈队和男子非洲鼓队，让舒展的舞姿和隆隆的鼓声唤起所有七十一中人昂扬的激情。

尽管我们做了大量的工作，但对比新的形势与要求，还相差甚远，部分教师课堂的一言堂、个别班主任工作艺术的缺乏、干部管理评价的不科学，导致"关注尊重每一个"不能百分百得到落实，为此，需要我们加强师德建设，强化理念提升，科学评价，精致管理，开阔思路，创设载体，不求精彩每一次，

但求发展每一个。加强改进校本课程建设、家长学校建设等薄弱工作，使生活在我校的每一个农民工子女都能得到与城市孩子同样的优质教育，成为真正意义上的城市新市民。

二、加强队伍建设，奠定学校可持续发展基础

前一段，由于干部缺编，学校接待任务繁重，使每个干部都处于超负荷运转状态。现在的干部队伍架构是本学期刚刚组建的，需要快速融合、磨合与契合，尽早形成战斗力。同时，面对学校发展的新挑战，需要每个干部不断提高自身综合素质，不断增强管理能力，提高管理实效。

教育质量的持续提高和管理层次的不断提升，对教师队伍提出了更高的要求，骨干、特色教师的培养就成为我校教师队伍建设的当务之急。目前，教师数量与质量还不成比例，一定数量的中老年教师理念陈旧，积极肯干但收效甚微。应该说，这是目前制约我校发展的瓶颈。提升学科素养，提高小班化施教能力，都将是学校今后教师队伍建设的重点内容。

三、深入实践研究，引发小班化教育新思考

几年来，学校在小班化教学实践中取得了可喜的成绩，教学质量持续稳步提升，为学校赢得了荣誉和尊严。与此同时，我们也看到，小班化教学研究必须向纵深发展，不能停留在现有高度和层面，应下气力研究小班与质量的内在关联，研究小班环境下提高课堂教学实效的潜在规律，将小班化教学中关注、尊重每一个提高到更加理性的高度。另一方面，小班化教育必然带来班级管理对关注每一个的巨大变化，对这些变化学校关注和研究得还相对较少，需要在做好小班化教学研究的同时，加强对小班化教育，特别是对农民工子女的关注问题的探讨，为学生健康成长创设优良的环境和氛围。

四、创新载体，实现片区优势互补

片区管理模式是通过实践得到认证的可行方式，为中小学全方位衔接提供了便捷的平台和可操作的方法。但片区的优质发展取决于两个主要因素：一是中学的高端引领，二是小学的快速跟进。作为片区的组织者——我校的进步与发展必须要走在片区的前列，以高端的设计和优质的成绩引领对口小学的提升，吸引优秀生源，距离这个标准还存在一定差距，但是本片区的特殊学情的确让我们感到家校配合不畅，前行不堪重负，难以振翅高飞，未来任重道远。为此，我们加大一站式家长学校培训力度，争取社区的舆论支持，并通过片区内部大教研、特色联动、同课异构、学制尝试等活动实现优势互补、资源共享，提高片区管理实效，以实现三校同频共振。目前来看，三校外来务工人员子女比例都很大，学生基础薄弱，特别是英语教学，提升质量同样需要付出艰苦的努力。近期，兆麟小学新校舍的启用以及建设小学办学条件的不断改善，都会给片区两校带来良好的发展机遇，我们一定不等不靠，抓住机会，乘势而上，坚守西岗东大门，不辜负上级领导驻足的目光和殷切的希望。

第三篇　二十七中——探索学生快乐、教师幸福的教育

用快乐影响快乐，用幸福创造幸福。

书写在孩子脸上的是阳光、自信；

荡漾在教师心中的是愉悦、幸福。

课堂内外、校园上下无不回荡着朗朗的诵读声、

合作的欢笑声、小先生的赞美声、小白板的书写声……

突破瓶颈

校园因课程更美好

1962年建校的大连市第三十七中学，如今已走过55个春夏秋冬。55年里，三十七中从一所家门口的学校成长为老百姓中享有良好口碑的文明校园；55年里，记录着三十七中人为促进学生健康发展而不断探索的故事……在狭小的东关街道，学校孕育着教育的远大梦想，走过半个世纪的三十七中，响亮地喊出了“追求卓越从课程开始”的庄严承诺。

课程是学校教育的载体，真实反映了学校文化的个性，课程的品质决定着学校的教育质量。自2014年开始，我校着眼于课程领域的改革，转变课程理念，创新学校课程，以此突破学校发展瓶颈，有效实现了学校文化建设这一目标。

课程重构让校园活起来

经过三年的思考与实践，学校创新引领，将“劳动、目标、价值”统一并融“合”，构成了我校“I LOVE U——我爱你”教育理念和价值追求的有机体系，既能体现出国际理解教育理念基本内核，同时又能支撑起教育需求。学校成立了课程开发中心，教师成为课程开发主体，引领教师走入“发现之旅”。课程不是关起门“造”出来的，而是基于发现，我校采用以课程成果为导向，对学校课程建设进行项目化管理，降低了课程管理成本，提升了课程开发效率。与此同时，家长朋友和社会专业人士也被学校聘为课程开发主力军，一时间，教师潜力被挖掘，学生状态被唤醒，家长情绪被调动，课程重构让校园活起来。

课程的有效实施让校园动起来

我校紧紧围绕一条主线“I LOVE U”、一个体系（基础型课程 + 拓展型课程 + 综合型课程）、三种方法（大小相合 + 长短相济 + 定选相衬）展开课程实施，取得了很好的效果。

“大小相合”即“大课”与“微课”相结合。“国际理解”大课是我校开发的一个体系，从宽度上进行教学整合，旨在通过对比中外文化，切实感受中国文化的博大精深，如特色节日嘉年华、风俗文化嘉年华、美食文明嘉年华。“国际理解”微课让学生每日自主选择学习中国传统文化内容，与列于校本课程中的定选课程。

“长短相济”即“节日”长课和“时事”短课。“节日”长课属于拓展型课程中人人参与的必选课程，包括狂欢节、读书节、外语节、艺术节。课程内容通过与基础型课程相关的课堂教学、主题探究活动进行整合，每学期利用两个月时间实施。“时事”短课也属于校本课程中的定选课程，三个不同学段开设不同主题，每天一人，每周一班。

“定选相衬”即定选的校本课程与任选的社团课程的相互映衬。任选课程采用菜单式设置，以学生自选、跨班、走读的方式实施，每周安排两课时，集中在每周五下午开设。学生每学年都可以选择自己喜欢的课程参与学习。

特色课程让校园亮起来

让课程不断生长。我们把“节日不变，形式变”作为节日课程设计要求，每年更新形式和内容，以最大限度地满足学生的兴趣需求，达到“初中三年过三个不同的节日”的实施目标。如体育节连续三年是一个模式，2015 年改造成了“青春悦动趣味狂欢节”，学生对体育节的认知发生了翻天覆地的变化。如今，学生们这样形容拓展型课程：“主题鲜明”“生动有趣”“有滋有味”，从中“得到了很多锻炼”，给他们“留下了终生不可磨灭的印象”。

让课程饱含深情。我们设计了“拥抱时光”离校课程。初中生正处于青春期，毕业前不舍得离开而又不得不离开，他们用各种方式表达内心的情感纠结。情感，是最重要的需求，也是我们教育主线的核心元素。于是，“离校课程”开发团队应运而生，从研究课程目标、课程内容到组织实施，体现“宣泄情绪”“内化责任”“把心留住”三步情感表达方式，在“主题班会”“毕业校会”“校园送别”三个课程板块中，沉淀记忆，升华情感，在《光阴的故事》中迎接希望。此外，我们还设计了“幸福守望”入校课程。三年，只有一千个日子，造就一个怎样的“我”？为了回答好这个问题，为了让学生更好地开启新的人生阶段，更加珍惜只有三年的青春岁月，主题为“千日之为，成于刹那”的入校课程被我们勾勒出来。一周的入校课程，足以帮助学生消除茫然无助的情绪，形成对学校、班级的认同感、归属感。“走进学校”“认知自我”“规划未来”在“破冰活动认亲”“参观校园认家”“走过中学门——入校仪式”活动中逐一实现。其中，“认亲”在班级内进行，“认家”在年级内开展。突出“尊师重教”这一两千年的儒家优秀文化的时代性，在“走过中学门——入校仪式”上，老师和高年级学生“家人说家事”，新生参与“跨过中学门”“校长授旗”“新生拜师礼”“入校宣誓”“发放成长礼物”“即兴随感”六大环节。班主任现场颁发需要使用三年的成长护照，接受学生拜师礼，孩子们用心缠绕上象征团队符号的美丽丝带，拜师礼庄严神圣，同学互换深情。

让课程流动起来。感受的是课程，内塑的是文化，留下的是精神。3月的“阅读悦享”读书节，以“对话经典名著，涵养人文底蕴”为主题，让好书漂流；5月的“绚丽多彩”艺术节，以“提高艺术修养，培养审美情趣”为主题，让学生用心灵感受艺术，用行为践行艺术；9月的“青春·悦动”趣味狂欢节，教师、学生、家长欢聚一堂，个个参赛挑战，人人青春悦动，在竞技体育与趣味运动结合中体现传统元素和时代符号，连通中国文化与人类文明；11月的“世界你好”外语节，以“校园小讲坛，世界大舞台”为主题，让外语真正成为通往世界的桥梁；1月的“走进优雅”礼仪文化之旅，引领孩子们做优雅之人，行优雅之事，品优雅之德。“四节一旅”已成为三十七中的日常，学校搭建的是千余名师生的共同瞩目与成长舞台，孩子们收获的是受用一生的核心素养与成长体验，记忆中留下的是精彩的生命绽放与流动时光。

回顾我校课程建设之路，演绎的是育人为本的主题，勾画的是“每个孩子都可以教好，每个生命都应该幸福”的美丽，三尺讲台，因师爱而美好，一方天地，因生命成长而灵动。

追求课程的美好，我们还在路上……

用“I LOVE U（我爱你）”课程实施国际理解教育

建校于 1962 年的大连第三十七中学位于大连市主城区中心，与大连市政府毗邻，至今已经历了 55 年的风雨洗礼，在半个世纪的办学历程中，学校在变革中迅速成长。

学校占地面积 13 280 平方米，建筑面积 11 200 平方米，现有 25 个教学班，在校生 852 人，教职工 110 人。教师学历结构合理，本科学历 88 人，研究生学历 14 人；教师队伍年轻，35 周岁以下 33 人，35 至 45 周岁 46 人，45 周岁以上 31 人；师资力量雄厚，高职教师 55 人，中职教师 35 人，初级教师 17 人，其中，市区级骨干教师 15 人，区学科带头人 8 人，3 位教师荣获西岗区“仁爱之师”。

在几代三十七中人的共同努力下，学校事业长足发展，以高品质办学而享誉社会。近年来，学校先后荣获“辽宁省文明单位”“辽宁省教科研百强校”“辽宁省中小学美育研究基地”“辽宁省图书示范学校”“大连市先进学校”“大连市安全教育先进学校”“大连市体育卫生工作先进学校”“大连市特色目录学校”“全国百强特色学校”等荣誉称号。

我的主题发言共分两部分：第一部分，国际理解教育理念在三十七中的教育实践主线，即我们在想什么；第二部分，介绍三十七中课程建设及实施情况，即我们在做什么。

第一部分：“国际理解教育”时代内涵和实践主线

一、国际理解教育内涵

国际理解教育是指世界各国基于全球化的时代背景以“国际理解”为教育理念而开展的教育活动，其目的是增进不同种族和不同国家、地区人们之间的相互理解和宽容；加强他们之间的相互合作，以便共同认识和处理全球重大问题；促进“每个人通过对世界进一步认识来了解自己和他人。”

国际理解教育包含了极其丰富的内涵，也是一个发展的和开放的体系。在这里，我们不能穷尽其思想，但有一点，那就是我们的国际理解教育是站在人的发展和进步的高度，培育在多元世界中共同认可的价值观，包括诚实、尊重他人、和平、公民意识、忠诚、有责任心、同甘共苦、团结合作、宽容、公正、公平，等等，只有这样，我们教育培养出的人，才能充分国际化，才能最终走向广阔的社会舞台。

实践中，总结出“I LOVE U”的国际理解理念主线，这条主线是学校建设的指导思想，是实践路径，更是行为目标。

“I”即创新，innovation。当今世界是变化的世界，创新、变革、发展成了应对客观环境变化的重要方法论。因此，创新成为我们基于学生核心素养而开展文化建设、课程建设、队伍建设的价值引领。

“L”即劳动，labor。劳动体现了人的生命需求，尤其是初中生，劳动是实现知识消费到知识产出这一飞跃的唯一桥梁。劳动涵盖体力劳动和脑力劳动，物质劳动和精神劳动，教师劳动和学生劳动，自我劳动和团队劳动。将劳动赋予生命本身，能够更好地帮助我们实现国际理解，更加敬畏人类物质文明和精神文明成果，更加敬畏生命成长。所以，劳动是开展国际理念教育的重要入口。

“O”即目标，objectives。“国际视野中国心的现代中学生”是我们的培养目标。视野的宽窄，影响着学生的心胸格局与人生立场；中国心，承载着教育的民族理念与国家使命。目标体系的战略高度与逻辑清晰度，是国际理解教育理念的实施保障。

“V”即价值观，value。国际理解教育理念，帮助我们重新认知教育的价值，大胆地为现代初中教育下一个定义，那么，教育应该是学生融入世界、教师奉献思想、师生交换生命、生命潜力迸发、大爱百年树人的过程。价值的显性表达即学校肩负的使命，是科学世界观、价值观、人生观培养，是国际普遍认同的对人的全面发展。

“E”即情感，emotion。情感是产生感性认识，客观世界进入主观世界的第一步。在中学阶段，一个生命足够积极、向上、充满正能量，正是他个人情感的外在情绪表现，他与世界能够建立充沛的情感互通，进而他才能形成人生观。因此，情感是开启生命感知，进一步理解世界的钥匙。

“U”，即“合”，unification。国际理解教育重要的理念之一就是宽容、合作。相互理解和支持，离不开深度交流与认同。国际理解重“合”，中国自古重“合”，教育实践目标为“合”。学校、学生、家庭、社会，良性互动，交相辉映，同方向发力，实现效益最大化。强调团队合力、班级合力、家校合力、集体智慧、社团实践、志愿服务等，是学校对“合”这一目标的充分实施。

二、国际理解教育在三十七中的价值实践

创新引领，将“劳动、目标、价值”统一并融“合”，构成了我校“I LOVE U——我爱你”教育理念和价值追求的有机体系，既能体现出国际理解教育理念基本内核，同时能支撑起教育需求，是我们进行文化建设、课程建设、队伍建设、形象建设为主体的具有三十七中特色的“四大建设”教育布局的总框架、总指导、总依据。

第二部分：“国际理解教育”课程建设和实施情况

课程建设总体体现教育理念，具体凸显时代特点；课程内容是学校应对教育需求变化的物质承载。所以发展形势变，学校必须变，课程随之变，人需适应变。“让每一朵生命之花绽放得更加艳丽”是我们进行课程建设的人本出发点，也是学校教育行为发生的根本落脚点。

一、课程建设中的设计定位

1. 课程即炫丽的生命历程

每个孩子都是独特的和唯一的，我们要让每个独特的生命绽放不一样的精彩。学校以课程推进的方式，校园内的一草一木、一物一景、一人一事皆课程，只有走过了、经历了、尝试了，才能发现它们的意义与价值。当孩子们与老师以课程为媒介，将生命、自然、生活联结的时候，才是教育的真正本源。从这个意义上讲，课程即绚丽的生命历程。

2. 课程即个性张扬的情境

学习是学生自己的事，任何人都无法代替，是一种个性化行为。一切教育教学活动都要努力营造一个有利于张扬学生个性的“场”，让学生的个性在宽松、自然、愉悦的文化氛围中得到释放，在自由自在而又奋发进取的氛围中展现生命的张力。学校研究课程建设就是为学生的全面发展、个性培养提供更为广阔的学习时空，让学生个性发展成为可能。

3. 课程即文化的亲密相遇

教育必须以人的生活为立足点，必须在人与世界的生活关系中展开。“国际理解课程”所提供的不仅仅是知识的传递与技能的提高，更重要的是架构起知识世界与生活世界的联系。三十七中地处大连市西岗区东关街，这里拥有悠久的人文历史、原点文化，这些零散分布在学生周遭的资源，就如同一颗颗熠熠生辉的珠宝，需要有效地统整，需要以课程启迪的方式去引起学生对地域文化资源的关注，进而学会思考生活、思考人生，提升智慧品质。

4. 课程即灵动的多元组合

课程不仅仅是传统“教材”，不仅仅是教师个体的经验组合，一切资源皆课程。学校要努力开发和利用好教师资源、家长资源、社区资源、环境资源、社会资源等，将这些资源有机组合，让它们成为学生个性发展的重要因素。关注学生在学习过程中对资源撷取、选择、重组的能力培养，完善他们的认知结构。

二、“国际理解”课程体系建构

我校的国际理解课程体系由三部分组成：基础型课程、拓展型课程、综合型课程。

1. “国际理解”课程建设规划思路

基础型课程：精心实施，重在高效，夯实发展根基。

拓展型课程：提供选择，开发潜能，促进主动发展。

综合型课程：引导创新，强调体验，普及与提高并重。

2. “国际理解”课程建设目标

基础型课程：按照国家课程标准执行，根据学生全面发展的需求，确定课程目标体系和课程内容。

拓展型课程：对基础型课程标准进行有针对性的延伸和拓展，是对学科知识的补充与完善，为学生提供更加宽泛、更加广博的学科知识，培养学生的专业素养，发展每一个学生的个性特长，帮助其逐步形成良好的个性心理品质和健全人格。

综合型课程：亲近和接触自然，考察和参与社会，关注和反省自我，获得对自然、社会和自我的体验；初步形成对自然、社会和自我的整体认识；经历问题研究的过程，获得研究体验和经验，初步掌握研究问题的方法。

3. “国际理解”课程结构

基础型课程：我校将国家规定的基础型课程和教师根据基础型课程的设

计，自主开发的适合自我需求的微型课程，组成“1+X”的课程模式。“1”指的是一门基础型课程，“X”指的是一课时或者若干课时的微型课程。开设的课程主要有经典诵读、外教口语课程、二十一世纪报刊阅读、数学口袋题、快乐足球、各学科学习策略等。

拓展型课程：拓展型课程是指挖掘一门学科的价值取向，并对其进行科学拓展与延伸而开发的课程。拓展型课程包括仪式节庆课程、小荷尖尖课程、兴趣扩展课程三个类别。仪式节庆课程包括节日课程（“青春悦动”趣味狂欢节、“阅读悦享”读书节、“世界你好”外语节、“绚丽多彩”艺术节）、主题课程（“幸福守望”入校课程、“拥抱时光”毕业课程）、升旗仪式课程（明星闪亮二十分、演讲与口才、新闻播报）等；小荷尖尖课程包括“我在这里”课程、“琴之韵”课程、“棋之趣”课程等；兴趣扩展课程包括校本课程（人文素养类、科学拓展类、艺术修养类等 32 个）和学生社团（15 个）课程等。

综合型课程：综合型课程是指对两门及两门以上课程的有效整合及综合运用而开发的生成性课程。其中，成长体验课程包括“走进优雅”礼仪文化之旅、国际嘉年华、劳动体验（班班轮值劳动班）、角色体验（人人有事做）、责任体验（少年义工）等；研究性学习包括“东关印记”课程、“原点情愫”课程、“异域风情”课程等；“双我”实践包括五大方面的实践，即我运动我健康、我研究我创新、我阅读我提高、我表演我快乐、我传承我修身。

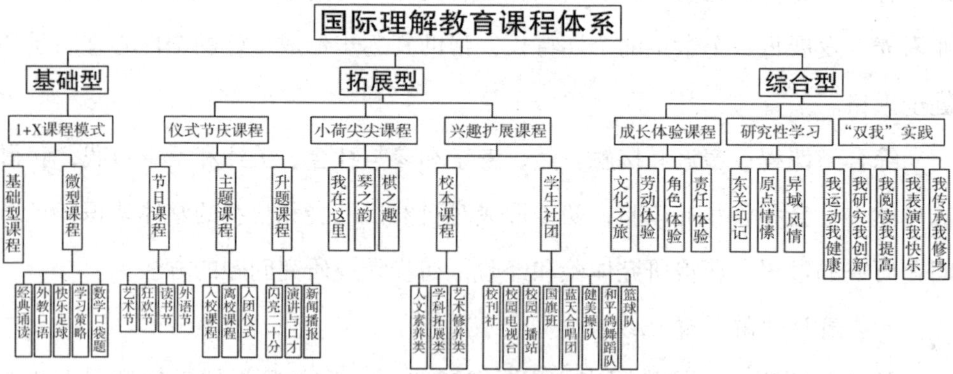

大连市第三十七中学课程建设塔式结构图

三、“国际理解”课程实施

课程实施或嵌入国家课程统整实施，或与学校传统节庆活动、主题实践活动、课后社团活动结合实施。

1. 课程实施原则

原点性原则：回归原点，为孩子的成长与发展服务。

现实性原则：针对问题，解决学校课程发展的实际问题。

发展性原则：满足需求，聚焦人的核心素养的提升。

层次性原则：有不同层次的实践样态。

2. 课程实施策略

即围绕一条主线“I LOVE U”、一个体系（基础型课程 + 拓展型课程 + 综合型课程）、三种方法（大小相合 + 长短相济 + 定选相衬）展开课程实施。

“大小相合”即“大课”与“微课”相结合。“国际理解”大课是我校开发的一个体系，从宽度上进行教学整合，旨在通过对比中外文化，切实感受中国文化的博大精深，如特色节日嘉年华、风俗文化嘉年华、美食文明嘉年华。“国际理解”微课让学生每日自主选择想要学习的中国传统文化内容与列于校本课程中的定选课程。

“长短相济”即“节日”长课和“时事”短课。“节日”长课属于拓展性课程中人人参与的必选课程，包括狂欢节、读书节、外语节、艺术节。课程内容通过与基础性课程相关的课堂教学、主题探究活动进行整合，每学期利用两个月的时间实施。“时事”短课也属于校本课程中的定选课程，三个不同学段开设不同主题，如“一句话新闻”“三言两语话新闻”“新闻脱口秀”等，由学生自编、自导、自录、自播，每天一人，每周一班，在电视上滚动播出，旨在帮助学生养成主动了解客观世界的良好习惯。

“定选相衬”即定选的校本课程与任选的社团课程的相互映衬。任选课程采用菜单式设置，以学生自选、跨班、走读的方式实施，每周安排两课时，集中在每周五下午开设。学生每学年都可以选择自己喜欢的课程参与学习。

3. 课程实施过程

（1）基础型课程

将现行中学课程计划中必修课的教学内容进行梳理，基础型课程中的拓展教学设计成微型课程，教师自由选择在课前、课中或课后的各时间段，穿插使用微型课程完成部分教学任务，以不打乱基础型课程部分组织框架的原则，对知识内容进行微调整、微补充、微循环，见“微”知著，画龙点睛。

（2）拓展型课程

仪式节庆课程。以学生的生活为起点，将孩子们喜欢的事、有意义的活动、特别的日子，用每一个学生的积极主动性和创造性，为节日纪念，为青春注解，为生命记录。

小荷尖尖课程。为拥有学科专长、兴趣专长的学生提供个性化服务的课程，通过特长作品展示专栏、清晨钢琴演奏、午间挑战赛来开展课程实施。

兴趣扩展课程。贯穿两个学年，部分为期一学年，细分为微小型内容，按周或月设计。目前，学校共有16个学生社团和4个教师社团，同时学校根据学生需求和现有教师资源设计和开发了三大领域32门校本课程。

（3）综合型课程

综合型课程主要以学生综合实践体验活动为载体，包括区域六大“双我”实践及三大主题的研究性学习，让学生走出校园，走进社会，开展系列主题研究活动。研究型课程集中在两个假期进行，以研究小组为单位形成研究报告，全员参与，层级展示，学校举办大型研究成果汇报会进行汇报交流。

4. 课程创新点

让课程不断生长。我们把“节日不变，形式变”作为节日课程设计要求，每年更新形式和内容，以最大限度地满足学生兴趣需求，达到“初中三年过三个不同的节日”的实施目标。如体育节连续三年是一个模式，2015年的体育节改造成了“青春悦动趣味狂欢节”，学生对体育节的认知发生了翻天覆地的变化。如今，学生们这样形容拓展型课程：“主题鲜明”“生动有趣”“有滋有味”，从中“得到了很多锻炼”，给他们“留下了终生不可磨灭的印象”。

（1）让课程饱含深情

“拥抱时光”的离校课程。初中生正处于青春期，毕业前不舍得离开而又不得不离开，他们用各种方式表达内心的情感纠结。情感，是最重要的需求，也是我们教育主线的核心元素。于是，“离校课程”开发团队应运而生，从研究课程目标、课程内容到组织实施，体现“宣泄情绪”“内化责任”“把心留住”三步情感表达方式，在“主题班会”“毕业校会”“校园送别”三个课程板块中，沉淀记忆，升华情感，在《光阴的故事》中迎接希望。

“幸福守望”的入校课程。三年，只有一千个日子，造就一个怎样的“我”？为了回答好这个问题，为了让学生更好地开启新的人生阶段，更加珍惜只有三年的青春岁月，主题为“千日之为，成于刹那”的入校课程被我们勾勒出来。一周的入校课程，足以帮助学生消除茫然无助的情绪，形成对学校、班级的认同感、归属感。“走进学校”“认知自我”“规划未来”在“破冰活动认亲”“参观校园认家”“走过中学门—入校仪式”活动中逐一实现。其中，“认亲”在班级内进行，“认家”在年级内开展。为了突出“尊师重教”这一两千多年的儒家优秀文化的时代性，在“走过中学门—入校仪式”上，老师和高年级学生“家人说家事”，新生亲历“跨过中学门”“校长授旗”“新生拜师礼”“入校宣誓”“发放成长礼物”“即兴随感”六大环节。班主任现场颁发需要使用三年的成长护照，接受学生拜师礼。孩子们用心缠绕上象征团队符号的美丽丝带。拜师礼庄严神圣，同学互换深情。

（2）让课程流动起来

感受的是课程，内塑的是文化，留下的是精神。3月的“阅读悦享”读书节，以“对话经典名著，涵养人文底蕴”为主题，让好书漂流；5月的“绚丽多彩”艺术节，以“提高艺术修养，培养审美情趣”为主题，让学生用心灵感受艺术，用行为践行艺术；9月的“青春悦动”趣味狂欢节，教师、学生、家长欢聚一堂，个个参赛挑战，人人青春悦动，在竞技体育与趣味运动结合中体现传统元素和时代符号，连通中国文化与人类文明；11月的“世界你好”外语节，以“校园小讲坛，世界大舞台”为主题，让外语真正成为通往世界的桥梁；1月的“走进优雅”礼仪文化之旅，引领孩子们做优雅之人，行优雅之事，品优雅之德。“四节一旅”已成为三十七中的日常，学校搭建的是千余名师生的共同瞩目与成长舞台，孩子们收获的是受用一生的核心素养与成长体验，记忆中留下的是精彩的生命绽放与流动时光。

四、“国际理解”课程主体

教师是课程的设计者、开发者和实施者，是学科教学的组织者和推进者，是学科学习的引领者和点拨者，是学科团队建设的主力军和自变量。一句话，教师是课程建设最活跃的元素。

1. 让教师走入“发现之旅”

课程不是关起门“造”出来的，而是基于发现。如何在学校课程建设中让每一位教师都能欣然接受并有事可做？实践证明，我校采用以课程成果为导向，对学校课程建设进行项目化管理，使教师工作轻松、方向明确，同时让学校课程管理者从繁忙的工作中解脱出来，降低了课程管理成本，提升了课程开发效率。

课程项目化是指为开发课程项目、实施或成果而进行的阶段性工作，项目有明确的开始时间和结束时间。在课程项目化工作中两点特别重要：一是成果导向，确定一定时间内的可交付课程成果；二是课程项目目标要细化，最好可测量。“倾听学生的声音”成了教师们开发课程的重要依据。选取见效快、相对单一的课程项目进行开发是便捷之路，最佳选择。同时，这样做也有利于教师对自己所完成的课程项目拥有成就感。

2. 让教师进入学科深处

学科是学校课程变革的一个关键维度，学科建设是学校内涵发展的一个重要标志，引领教师进入学科深处，是学校发展的一个重要使命。学科是一个由学科课程、学科团队、学科教学以及学科学习构成的几何四面体。通过研究，我们带领教师进入学科深处，发现了其中的核心秘密：把学生放在学科的中央，教师是学科最活跃的元素，课堂是学科最有活力的空间，把握学科成长的“典型证据”……这是我校推进课程建设的路径。

在课题研究的过程中，我们发现：教师是学科建设过程中的决定性因素，教师的个体成长是学科团队建设的基础。我们指导教师思考、梳理、提炼自己的教学经验，在此基础上提出自己的“教学主张”。我们鼓励每位教师追求自己的教育理性：做一名有见解有主张的教师。目前，学校 100% 的教师都提出了自己的“教学主张”，能够按照自己的“教学主张”设计一堂课、上一堂课、评一堂课，并根据自己的“教学主张”开发课程，“教学主张”真正成为撬动教师专业成长的支撑点。同时，学科团队建设是课程建设可持续发展的有力保障。学校每学期都推出一个团队精神，比如“评价比要求有效，氛围比约束重要”“被需要是一种厚重的信任”，等等。在这里，有智慧碰撞的平台，有华山论剑的气场。团队精神引领下的课程文化正日趋成熟。

五、“国际理解”课程评价

采用“主题引领，模块推进”的方式，每个课程类别都设置几个模块内容，形成了形式各异、丰富多彩的课程体系。学生自主参与各种活动，三年内达到学校规定的学分方可成为“合格毕业生”。学校规定对学生参与各类课程的情况实行学分管理，学生在校三年，必须参加各类课程学习并达到规定学分方可毕业。其中，每年的节日课程基础学分为 12 个学分，学生要在每个节日课程里至少参加一个课程模块，得到 2 个基础学分；如果学生在活动中表现优异，还可以获得奖励学分。学生参与得多，获得的学分也就多。三年的汇总学分分阶段汇入“三十七中阳光学子护照”之中，成为毕业季评选优秀毕业生唯一依据。不仅如此，我们还将获得学分的情况，纳入中考综合素质评价中，使得学分管理成为学生全员参与各类课程的有力保障。为此，我们经过三年实践，制定《大连第三十七中学“国际理解教育”课程项目评价实施细则》，将其作为制度文本，进行项目评估与课程保障。

附：《大连第三十七中学“国际理解教育”课程项目评价实施细则》

一、指导思想

为了更好地创造有利于学生培养的校园文化环境，提高学生的综合素养，充分发挥学生在素质教育中的主体作用，体现出国际理解教育理念基本内核，同时能支撑起教育需求，根据“I LOVE U——我爱你”教育理念和价值追求，培养学生的创造思维和创新能力、竞争意识和超越意识，学校决定对“国际理解教育”课程实行项目式管理，按照本细则实施。

二、具体要求

1. 项目负责人

一员负责制的班子成员 + 教研组长 + 备课组长。

每个项目实施以学科备课组为单位，也可不同学科备课组合并为一个单位，每个单位推荐一名教师为项目策划人及负责人，其余成员负责参与共同实施项目。

2. 项目策划及实施要求

项目的策划必须符合学校“I LOVE U”教育理念的需要，有创造性、发展性、高品位、高层次的校园文化活动，体现学科特色。

项目策划书采用学校标准策划书样式，必须将“活动名称、项目主要负责人、参与人员的分工情况、活动目的或意义、经费预算、参与学生、实施规程、分阶段活动内容等”如实写清楚。

项目活动实施时间长短根据活动策划而定，但必须在每学期末完成实施。项目负责单位要记录好活动内容，收集材料，包括照片、学生活动感想、活动结果等。

学期结束前进行项目集中汇报、评审工作。各项目负责人和参与成员共同进行阐述和展示，届时上交策划书、书面汇报材料（含照片、活动内容记录等）。

3. 项目评审标准

要求	分值
活动设计和方式围绕学校发展方针，能够对学生的民族精神教育和生命教育起到积极的作用。	1 ~ 2分
活动的实施能最大限度地挖掘学生自身的创造潜能，并且适合学生现有的知识结构和水平，具有较强的操作性，体现学科特色。	2 ~ 4分
具备完整和有创意的策划、合理的进度安排、详细的组织方法、系统的总结阐述和展示。	3 ~ 6分
注重点面结合，活动效果能成为学校特色活动，能上升到区级层面进行展示。	1 ~ 4分
团队协作能力强，参与人员责任心强。	1 ~ 2分

4. 根据评审结果给予相应的非统考学科教师工作评价表中的教学实绩分数

其中，评审委员评价分数总和除以人数得出的分数，作为活动项目策划人及负责人的评价分数；其他参与成员的评价分数，按活动项目策划人及负责人评价分数的 80% 折算得出；未参与活动项目者不得分；在阐述和展示时未呈现出参与部分者不得分。

5. 项目评审委员会成员

组长：校长。

组员：班子成员及各教研组组长。

本项目管理要求细则未尽事宜解释权在校长室。

实施策略

议研共融，与教师共成长

——大连市第三十七中学阶段听议课工作小结及思考

日前，当接到介绍本校开学至今听议课工作的发言任务时，心中不免忐忑。其一，刚刚走上新的岗位，对我来说最需要的是时间，亟须更长的时间，来了解和熟悉学校的一切，从硬件建设到软性文化，从学校管理到师生状况，从课内教学到课外教研，一切都需要更多的观察与研判，所以，深恐在还没摸清底数的情况下妄加叙述，或使学校的工作受到埋没，或对大家造成误导；其二，面对三十七中深邃厚重的文化，面对前几任校长优秀的办学成果，面对局领导的信任，我不敢稍有懈怠，因此，一直在提醒自己，认真品味学校历史，真诚走近每位师生，细细梳理文化渊源，稳健传承办学特色，正在且观且行、且行且思中，大会发言不期而至，忐忑之感不言而喻。但基于对局工作的支持，基于对学校工作的负责，抛开所有顾虑，也权当是一次新工作的汇报。因能力及时间所限，所叙述的内容难免存在瑕疵，不当之处敬请各位指正。

一、我们的做法

1. 明确工作思路，做到有的放矢

我校的学习者课堂创建已踏实践行 3 年有余，以合作学习微创新为主线，取得了一定的成效。新学期伊始，学校继续传承这一主线，确定了“全员参与，调研先行，分组推进，展示推广”的总体思路，将本学期的课堂跟踪分为调研阶段和展示阶段两部分。9 月至 10 月中旬为调研阶段，10 月中旬至 12 月底为展示阶段。

2. 突出阶段重点，喜获预期效果

调研阶段的重点就是为合作学习微创新的深入研究提供第一手资料，意在通过原生态的课堂，准确把握两端教师现状，勾勒出合作学习目前的基础水平、涉入教师比例、运用掌握程度，等等。基于此，这一阶段的议课分别在两个团队中进行，即班子内议课、备课组内议课，相互间则不对话，由于调研课只在当天早上公布名单，常态课的特征愈发明显，如此不予干涉、不加雕琢、不议不评的目的就是要真正达到发现问题课堂和挖掘潜力教师的目的。全员参与性和学科普及性是调研阶段的特点。在全校 88 位上课教师中，除孕、产、病及中层以上专家组成员外，全校共调研 71 节课，涵盖了所有学科及教师，截至目前，领导班子成员平均观课 42 节，完成观课实录单 12 份，覆盖 206 人次。

展示阶段的重点是分组示范推广，初建学科流程，在全面调研的基础上由学校确定每组的展示教师名单。与前一阶段完全不同的是学校全程把关，从课前集体研课、调讲，课中的合作观课、数据统计、切片留存到课后的一课一议，逐组推进，分学科确立合作学习流程及框架。一人的背后是多人的智慧，一人的流程是学科的框架，展示阶段达到了确立框架雏形、触动坚冰的目的，课堂多了欢笑声、讨论声、质疑声……虽然展示阶段才刚刚开始，许多教师被身边同伴的精彩而折服，全程参与评课、积极互动质疑的热情非常高涨，我们的预期效果正在悄然形成。

3. 寻找问题之源，跟进理念统一

“老师不讲，学生真的不会吗？”“课堂中你退至最后了吗？”“你的课堂中有学生吗？”“你甘做课堂上的懒老师吗？”

调研阶段发现的问题，让我们深刻感受到：合作学习推进艰难最主要的原因是老师不放心学生，把课堂当成了自己的舞台，目中有的是预设的教案、成型的练习，而非真正的人，并未甘心做一个勤在暗处，懒在明处的“懒老师”。

改变教师，必须先转变理念。10 月 28 日主题式培训如期举办，第一期由校长主讲，主题确定为《课堂上的学生第一，到底有多难？》。不求立竿见影，但求氛围营造；无须全部认同，只求心灵触动。

二、我们的思考

1. 课堂听课不应是校长的本分吗

对于校长来说，没有比研究课堂更重要的，也唯此最有意义，因为每一课都不是昨天简单的重复，每一个人在不同的课堂上会有不同的样貌，因为课堂教学展示的是每位教师真正的工作状态，还因为课堂学习是每个学生在校内真实的生存状态，不走进课堂，无法真正了解师生真实的面貌，无法准确把握学校跳动的脉搏。把学校中最着急的事、最常规的事、最重要的事加以排列，多数情况下，听课都是排第一位的。走进新的学校，走向新的学习，这是我的应然选择。听什么、怎样听，议什么、怎样议，我还知之甚少，唯有在过程中学，在思考中学，向教师们学，向教研员学，才能让自己站在教学研究的潮头，引领学校的教学工作。议研共融，与教师共成长，坚定前行，我，正行走在路上。

2. 我们费心劳神地“上课”“听课”“议课”到底为了什么

我经常问自己：40 分钟的一节课可以检查，一辈子的课堂可以检查吗？一位教师的一天可以指导，365 天可以指导吗？

当教师把被听课当作痛苦的事，认为自己是靶子而听课人是枪手时，管理者走入课堂所做的所有事情都变成了徒劳，既可怕又悲哀，因为教师和管理者都失去了专业提升的价值追求，更没能形成命运共同体，双方不仅丧失了最富意义的研究者身份，更丢失了那一份同甘共苦、携手共进的美好情感。我想每一位教师都有自己成长的故事，作为校长不仅要明晰教师当下的成长情态，最重要的是唤起他们灵魂深处的教育自觉。

如此看来，只有当命运共同体形成、教育自觉被唤醒，展示课及示范课的自我价值才会被教师无限放大，研究——共同研究，提升——共同提升的氛围形成也就水到渠成了。只有在研究的视角下诊断分析，帮助教师寻找适合自己、适合学生的教学路径，才是听评课的根本意义，也是我们寻求突围的唯一出路。总之，在议课中让教师觉得有意义、有滋味、有利于自己的专业成长才是我们追求的宗旨。

3. 详而全的议课有意义吗？

对我而言，课后讨论只能称其为议课，绝不敢说是评课。任何一节课所呈现的信息量都是极其丰富的，不是简单的一因一果关系，因此，一张课堂评价表实在过于翔实，我们不要奢望通过一节课的研究解决所有的问题，我们需要以“微课题”的形式持续关注课堂，一个阶段围绕一个点开展课后议课，选择和细分观测点，以让我们有精力将课堂需解决的问题落到实处且做到心中有数，否则，太大太全的议课点会让我们目力不及，结果必然是走形式、走过场。

“打铁还要自身硬”，校长扮演着校本研修的重要角色，必须提高自身的素质，把每一次议课活动都看成是一次培训、一次研究，且研且训，且训且研，议研共融，与教师共成长。

沉浸·融和·提升

——2015年大连市第三十七中学“沉浸式”教研周的回味与思考

大连教育学院在我校开展的“沉浸式”教研周活动圆满落幕已经半个月了，那一周，学院领导及全体研训教师与三十七中教师融合在一起的一言一行、一笑一颦，至今让我们倍感亲切；活动中对教师的悉心指导，至今让我们感触良多。此次活动是学院富有创意的教研方式的首次尝试与实践，我们为学院领导将首次活动安排在我校而深感幸运与欣慰，这是对我校及我区办学成果的看重与肯定，也是对我们的鼓舞与鞭策，我们三十七中是最大的受益者，在此，向学院领导及全体研训教师致以诚挚的谢意。

活动虽然结束了，但回味此次活动的全过程，我们的兴奋和感动还是难以自制，希望借此机会与各位分享；同时，全程沉浸过程中，收获颇丰，感悟颇深，并产生些许思考，也借此机会向各位汇报与交流，希望得到进一步的指导与帮助。

一、沉浸一线，学院工作作风让我们深受感动

前期准备，细致入微。2015年5月8日，李钟主任亲自带领小组成员，与我校班子一起召开工作协调会，就本次教研周工作逐项逐条地做出周密部署和细致安排。之后，据我们所知，中心内部召开了工作动员及说明会。这让我们初次领略到学院领导的工作状态，极大地调动了我们的热情，增强了信心。我们开列出各学科需要关注的教师名单，罗列出教师提出的问题，并根据学院制定的方案，制定了我校的实施细则。在此基础上，我们分别于2015年5月

18日、21日、22日三次召开不同层面的准备会和全校动员会，为此次教研做好了充分准备。

严于律己，言行一致。“初中学校紧张的作息，能适应吗？”“7点20分开始的周一晨会，能按时参加吗？”“连续一周的高强度教研，能承受得了吗？”“计划创意能如愿实施吗？”……这些顾虑与疑问在活动展开前真实地萦绕在我们心中，但学院领导及研训教师用他们的行动回答了所有的疑问。

镜头一：共同参与主题晨会。

第一天早7点20分，全体研训教师准时在操场一侧整齐列队，等待升旗仪式，有的老师为了按时到达，甚至没有来得及吃早饭。刘世斌主任7点就到了学校，对校园进行了整体巡视，而后在操场等候。晨会历时40分钟，研训教师们认真地融入其中，我们一同沐浴在国歌声中，仰望国旗升起；一同感受孩子们“国学诵读”的氛围；一同调整状态，蓄势待发，开启新一周的校园生活。

镜头二：餐桌上的团聚。

由于本次活动安排十分紧凑，研训教师和我们老师抢抓每一分钟，因而每天中午餐厅里便上演着这样感人的画面：餐桌上都是一个个备课组聚集在一起，大大小小的备课组形成一个个大大小小的餐桌，一边用餐一边探讨问题，质疑声、解答声、欢笑声此起彼伏，勾勒出三十七中校园从未有过的就餐风景。

镜头三：院领导亲临学校。

5月28日上午，当各学科都沉浸在课堂教学中，张涛院长和王冬凌院长走进了我们校园，这让我们始料未及，两位领导不仅仔细询问了安排进程及研训教师的工作情况，还亲自参加了数学学科的听评课活动，全程认真倾听、记录。全校干部教师看在眼里，记在心上，联想到带队的几位主任也是抓紧每一分钟沉浸课堂，共同融入一线的敬业状态，那么全体研训教师那种兢兢业业与恪尽职守就不难找到答案了。

二、融入一线，学院专业引领让我们深受启发

全方位的沉浸，全时段的跟踪。历时 4 天的“沉浸”，研训教师共听评课 208 节，举行学科讲座及问答式教研 39 次，解答了各学科汇总的 34 个问题，且在涵盖全体教师的基础上重点关注了 12 名学科骨干教师的教学。

镜头一：研训教师身影无处不在。

四天来，研训教师的身影无处不在：教室、课堂记录下他们全神贯注观课、记录的身影；专业教室、职工之家记录下他们倾力指导、引领的身影；校本课活动室记录下他们兴趣盎然、积极参与的身影；教导处、档案室留下了他们悉心查阅资料、刨根问底的身影；校史室、报告厅、图书阅览室留下了他们用心观展、即兴点评的身影；会议室、走廊上留下了彼此倾心交谈、水乳交融的身影。

镜头二：字里行间的感动——反馈报告。

活动结束了，但学院领导及全体研训教师的工作还在继续。一周之内，16 份反馈报告送到了我校，每位研训教师都给我们留下了箴言良策。近四万余字的反馈报告，字字金贵，字里行间闪现的是他们的专业能力与学术修养，呈现的是他们对我校教师的肯定与赞许，表达的是他们对我校现阶段教研活动优势与不足的中肯指出，以及对我校今后教学研究的诚恳建议和悉心指导，这对我们下一步教师的成长、学校的发展是弥足珍贵的。

三、借力专家，学院的倾情奉献让我们再度提升

4 天来，研训教师是辛苦的，我校教师同样也很辛苦，但是老师们内心深处感受到了此次活动的意义和价值。

倾情奉献，助推学校发展。此次活动我们提升的绝不仅仅是课堂教学本身，更多的是对教师的教育理念和情感、态度、价值观的洗礼。正如英语教研员刘

敬雯老师所说：到底我们的教学培养的是高分数还是高素养的学生？本次活动让我们对学校未来发展有了更深入的思考，让我们真正思索“学校教育为了什么？什么样的学校才是一所真正的好学校？热点学校的光环能够满足家长对于好学校的期待吗？我们真正能在区域中发挥我们应当发挥的作用吗？”这一切的灵感和思路来自于教研员满含深情的倾囊相助，言语间没有居于表面的奉承，没有轻描淡写的应付，没有一带而过的闪躲，我们真正感受到了教研员发自内心地对三十七中的真诚帮助。

特别关注，滋润教师成长。课程、课堂、学生、教师、管理是一所学校必备的五个内涵因素。课程建设和课堂改革离不开教师，学生的发展维系于教师，学校的生命力在于教师，五大突破点聚焦于教师发展上，因而，“教师第一”的旗帜必须高高举起，坚定执着。而本次“沉浸周”让我们幸运地得到研训教师连续一周的特别关注，让老师零距离地与研训教师深度沟通，也零距离地感受到了研训教师的人格魅力，钦佩研训教师渊博学识的同时，更被他们身上的精神所触动，反观自己平日里有时产生的倦怠与研训教师形成了鲜明的反差。尤其是被关注教师，反复上课，评课，诊后一课，诊后二课，如此过程更让老师们受益匪浅。正如反馈会上老师所说的：“虽然一节课只有 40 分钟，但每次评课都长达一个多小时，以致很多研训教师最后一节课讲评的嗓音都略带嘶哑。”

专业引领，提升研修内涵。本次活动中各教研组共同听课，共同评课，共同集备，共同参与问答式教研，共同聆听专题培训，这是对教研组有效开展教研最好的方式，也让我们切实感受到了专业引领的重要性。以往我们感受更多的是同伴互助和高高在上的专家报告，相比之下，本次的专业引领针对性强，更接地气，更有抓手，教师感觉更解渴更过瘾，校本研修的内容更丰实，内涵更深刻，对教研组的建设具有实实在在的提升作用。

四、我们的思考

1. 关于“不情愿”背后的思考

活动之初，按照计划需要确定12名关注对象，其中有一人借故不愿意参加，后经学校两次干预，该教师的思想工作还是做通了。这件事尽管出现在个别教师身上，但还是暴露出一部分教师内心的真实想法。

由此带给我深深的思考，我在问自己：无论是研训教师下校，还是校长日常听课，40分钟的一节课可以检查，一辈子的课堂可以检查吗？研训教师费心劳神地可以对她进行连续4天的指导，365天可以指导吗？

当教师把被关注当作痛苦的事，研训教师及管理者走入课堂所做的所有事情都变成了徒劳，既可怕又悲哀，双方不仅丧失了最富意义的研究者身份，更丢失了那一份同甘共苦、携手共进的美好情感。我想每一位教师都有自己成长的故事，我作为一位走入这所学校不足一年的新成员，不仅要明晰每一位三十七中教师当下的成长情态，最重要的是唤起他们灵魂深处的教育自觉。

如此看来，只有当命运共同体形成、教育自觉被唤醒，研训教师的专业价值才会被教师无限放大，研究——共同研究，提升——共同提升的氛围形成也就水到渠成了。只有在研究的视角下诊断分析，才能体现研训教师的价值所在，总之，在评课中让教师觉得有意义、有滋味、有利于自己的专业成长才是我作为校长的任务使然。

2. 关于分学科“沉浸”的思考

实效性强、冲击力大、受众面广的集中式沉浸虽然结束了，但衷心希望学院能通过分学科“沉浸”继续关注被关注教师，名师的培养如烹小鲜，持续才有生命力。但鉴于学院工作之繁杂，研训教师之辛苦，怯怯地提及一点建议：可否根据每位研训教师实际，灵活计划分学科“沉浸”，如此也可以保证管理者专一聆听及配合，因为每一个研训教师所呈现的信息量是极其丰富又弥足珍贵的，单科沉浸可以保证我们借力研训教师优质资源以“微课题”的形式持续关注，一个阶段可围绕一个点开展，选择和细分关注点，以保证管理者有精力全程跟踪，并将需要解决的问题落到实处且做到心中有数，否则，唯恐我们目力不及，配合不到位。

总之，“沉浸式”教研活动虽然告一段落，但我们的学习及成长仍在继续。源于感受的感动更真，源于感动的行动更快。且思且行，我们走在路上……

最后，再次感谢学院对三十七中的厚爱，感谢研训教师的深情付出。

“名誉管理”唤醒教师的教育自觉

校长的第一使命是什么？是确立办学思想？是明确发展愿景还是制定学校规划呢？我认为，这些都不是。校长的第一使命就是引领教师队伍，培养“四有好教师”。

“四有好教师”概念是习总书记在北师大调研时与师生座谈时提出的，他说：一个人遇到好老师是人生的幸运，一个学校遇到好老师是学校的光荣，一个民族源源不断涌现出一批又一批好老师则是民族的希望。每个人心中都有自己定义的好老师的形象，好老师没有统一的模式，但都具有以下四个特质，即有理想信念、道德情操、扎实学识、仁爱之心，它涵盖了教师的职业发展内涵。好老师不是天生的，他一定是在教学管理实践中，在学校发展过程中锻炼成长起来的。今天，就让我们聚焦“好教师培养的校本化路径”，谈谈个人一点认识及我校的一些做法。

现代管理学之父彼得·德鲁克说过：这个世界从来不缺乏美丽，只缺乏发现美丽的眼睛。从管理角度说，我们不能受现有管理思维的局限，也许有许多“管理中的美丽”等待我们去发现。十几年的校长经历，让我清醒地认识到，好教师的培养不一定是严格的规章制度，不一定是严明的纪律要求，不一定是严肃的冷峻面孔，教师队伍引领还可以是这样的：

“名誉管理”顺应人心

我经常问自己：学校管理中为什么要有那么多制度？这些制度是为谁制定的？为了几个不遵守纪律的人付出大量的管理成本，合理吗？有必要吗？那些优秀的好教师即使没有领导的督促，即使换个单位，他们同样优秀。是什么在起作用？显然不是制度管理，而是他们内心具有的某些东西，如果找到这些要素，管理一定是另外的样子。

从马斯洛的需求层次理论来看，可以找到这些要素，被尊重的需要和自我实现的需要是一个人需求的最高层次；美国教育家杜威说：“人类本质上深远的驱动力，是希望具有重要性，渴望被人肯定。”这不都是“名誉”心理吗？教师工作是一个最讲面子，也最需要面子的职业，大家把个人名誉放在至高无上的地位，如果我们能帮教师“管”好面子，“理”好名誉，如果我们在管理中能够高高举起“名誉”大旗，会不会唤醒教师为了维护名誉而进行自我管理、自我提高呢？

“名誉管理”就像一缕曙光，照亮了我的管理天空，引领我进入管理的新天地。在认真梳理学校文化的基础上，我校提出了“亲情家园、人本校园、成长乐园”的教师队伍建设目标，实施过程中，从大处着眼，从小事着手，将“名誉管理”做细、做实、做小，现采撷几个小花絮与大家分享。

“名誉管理”顺势而为

一、团队精神的引领——每年一个团队精神

管理不是注满一桶水，而是点燃一把火。团队建设唯有依靠精神引领，才能够生生不息。我校每年推出一个团队精神，比如“评价比要求有效，氛围比约束重要”“不给别人添麻烦”“一个人就是一所学校”“被需要是厚重的信任”“为自己鼓掌、为同伴喝彩、为明天遥祝”，等等。经过时间的沉淀，团队精神已经发展成教师的核心价值观：追求卓越，做最好的三十七中人。由此，活动也开展得如火如荼，如世界咖啡主题教学活动、互动式培训、读书沙龙，团队游戏也都紧紧围绕着核心价值展开。如今，团队口号目标、团队忌语忌事、团队年度大片、团队支招会都已融入学校文化，成为引领团队前行的坚强承载。

二、培养价值认同感——学校的事情大家定

“名誉管理”最重要的使命是唤醒教师内心发展的情感，校长要为教师提供更多的机会，赋予更多的权利，实现从他控到自控的管理过程。要从根本上做到这一点，就要让教师们在一件件事情上充分感受到自己是学校的主人。每当学校遇到重大事宜，我们全部交由教工大会，比如，绩效工资方案的完善，教师的评优评先，高职兑现及续聘工作等全部实行公开述职，现场唱票，现场公布结果，学校的事情一定要交由大家来决定。实践证明，当公正公开公平成为常态，当学校的发展愿景与教师的价值认同达成一致时，教师们也就心甘情愿、心悦诚服地同我们一道前行。

三、汇聚情感的力量——抓住关键性事件

每逢开展各类教育教学活动，我们都要出其不意地推出一些奖项：“教育故事案例奖”“最美课堂秀奖”“最佳读书交流奖”“学科导师奖”“教学沙龙奖”，等等。有人说这是“意外的惊喜”，还有人说这是小题大做，但我发现所有上台领奖的老师眼睛里都光彩熠熠，那份欣喜溢于言表，对老师们来说，“这一次”或许就成了他成长中的“关键事件”。

同时，入职教师汇报课、青年教师展示课、成熟教师示范课、导师特色课、徒弟谢师课可以成为“关键事件”；“我最喜爱的老师”评选、“最美课堂秀”海选活动也可以成为“关键事件”……

2017 年的教师集体舞大赛，可谓是全校范围内的一次汇聚情感力量的“关键性事件”。那段日子令人难忘。三顾茅庐聘请教练，走街串巷租借服装，分组排练错时上课，动作纠正一一打磨……决赛当天，三十七中学的教师舞蹈《师韵》精彩绽放，惊艳全场，获得全场唯一一个特等奖。好长一段时间，老师们是在极度兴奋的状态中度过，团队的荣耀在此刻定格，情感的力量在此刻升腾，

我想这就是"关键性事件"所带来的无穷魅力。

作为校长，应该成为情感力量的设计者。当我们面对一些重大的关键性事件时，不要畏难怕烦，要把它当成一次汇聚人心、引领学校前行的机会，它所带来的出其不意的效果往往事半功倍。

四、享受成功的体验——实行项目承办制

教师的职业幸福感一定来自成功的体验。如果能唤醒教师的生命激情，就一定能促使他们在教育教学中生发出无限的教育智慧。这一点在老师们对课程的开发上表现得最为明显。我们提出了"人人有事做，事事有人做"的口号，实行一员负责制的项目管理，我们把课程的开发权交由教师团队，实行课程项目开发承办制。如今，许多精品特色课程已经被学科团队开发出来，比如五大节日品牌课程、"每月一事"德育课程、"明星闪亮二十分"升旗仪式课程、"礼仪酒会"课程、"小荷尖尖"课程等。

品质课程成就了孩子的成长，而项目承包制则成就了教师团队的成长。这对教师而言，是一份信任与肯定，是一份责任与担当，它激发了老师们主动参与和自主发展的热情，激活了教师队伍。

五、一所学校最大的财富是教师

三十七中地方不大，寸土寸金，各功能教室异常紧张。尽管如此，我们还是为老师挤出了五个专用功能室，教师成长馆、教师风采长廊、校本研修工作坊、教师专用阅览室、教工咖啡屋，因为一所学校最大的财富就是教师，如此是将"教师第一"真正落到实处。

坦率地说，咖啡屋里喝咖啡品香茶，功能之外的延展和升华，以及成长馆里、工作坊内头脑风暴的激烈交锋，远远超出了我的想象，不就是买两杯咖啡吗？不就是创造这么一个环境吗？其实它的背后，是我们对老师心灵需求的满足，让他们在刻板传统的工作环境中有了一个休闲的港湾。如果说，咖啡屋、成长馆、工作坊给了他们幸福感，那么，这个幸福感来自我们对他们稍微深一些的理解和关爱，来自于人际关系改善的那份淡淡的轻松，来自凝聚力爆发由此升腾起的那份职业幸福。

对于“名誉管理”，我还想说的是：

“名誉管理”特别适合教师个体均衡度差异较小的教师团队；

“名誉管理”看似“理而不管”，实则“理中自管”；

“名誉管理”是要把检查和评价分开，淡化和慎用评价；

“名誉管理”是要运用各种非正式的表扬手段进行激励；

“名誉管理”一定要设置多种展示的舞台；

“名誉管理”让每位教师在合适的岗位上发挥和展示特长；

寻找“名誉管理”的基因密码一定还有很多，且思且行，我们还在路上……

以前只是希望，而现在我开始认为，多年来一直寻找的理想管理正慢慢靠近……

见证成长的幸福

故事一：咖啡屋——我们的幸福驿站

这曾是一间很普通的办公室——50 平方米，为了给老师提供一个午休和健身的地方，我们把它重新设计和装饰了。

这是我们学校司机高师傅亲手贴的壁纸；这是我们老师跑遍布艺市场选购的窗帘；这是老师们跑遍各类家居市场选购的休闲桌椅、灯具和原木栅栏，盘绕它上面的绿萝都是真的。像燕子筑巢一样，这里的东西一点点多了起来，一间浪漫的休闲小屋建成了。

2015 年 3 月 1 日，伴随着新学期的到来，我们的休闲小屋如期开门迎客了。当看到老师们三三两两结伴走入，带着好奇与向往，骄傲和兴奋。我意识到，这里，似乎有更多的文章可做。呵护教师的幸福，是否可以从这里开始呢?

反复思考，决定把它变成我们校园的咖啡屋吧，让它成为一道时尚的风景线，成为让老师们身心愉悦的小步舞曲。慢慢地，它，舞动起来了。

这是老师们精心挑选的全家福照片，大家把它摆放成心的形状，这份寓意，你我都懂的; 这是出自每个老师之手的千纸鹤，108 位教师，108 份放飞的心情。

这是在学习打丝巾的方法，快乐分享，做优雅女人；这是老师们请来的专业医生传授养生之道，他们期待着今天一起工作，明天一起远行；瞧，端午节上老师们也如同孩子般在找寻着童年的记忆；午休时间，外教也加入其中，一曲曲英伦歌曲回荡在咖啡屋里，异国风情扑面而来。这里，被老师亲切地称之为“幸福驿站”。

曾经，很多在办公室里的讨论和研究不约而同地转场到了这里；后来，许多同事间的沟通和交流也不由自主地相约到了这里。泡上一杯咖啡，唇齿留香间，碰撞出教学上的新点子；沏上一杯香茶，头脑风暴中，激荡起工作上的新思路；抛出一个话题，学术分享时，营造起茶馆式教研的新氛围。

坦率地说，咖啡屋里喝咖啡品香茶功能之外的延展和升华，远远超出了我的想象，不就是买两杯咖啡吗？不就是创造这么一个环境吗？其实它的背后，是我们对老师心灵需求的满足，让他们在刻板传统的工作环境中有了一个休闲的港湾。如果说，咖啡屋给了他们幸福感，那么，这个幸福感来自我们对他们稍微深一些的理解和关爱，来自于人际关系改善的那份淡淡的轻松，来自凝聚力爆发、正能量产生带来的愉悦体验，以及由此升腾起的那份职业幸福。

其实，幸福就是如此简单。

故事二：这是真的吗？

艾茹，一位刚刚交流来的年轻教师，执教语文，她很有做老师的“范儿”，有灵气，悟性强，是个不错的苗子。如何让她快速成长起来？这不，机会来了。2010 年 5 月大连——南京两地赛课任务落到了我校，谁能担此重任？谁能代表区域的水平？人选倒是有几个，派艾茹参赛行吗？班子内意见不一，她从未上过如此大课，她压得住场吗？刚刚交流来的教师，没有充分了解，有把握吗？但我想，年轻人的成长，必须为她创造关键性事件，给她机会，她行的。听到这个消息，她胆怯地问我：“校长，这是真的吗？我能行吗？”我说：“行，就凭你身上这股不服输的劲儿，就一定行。”准备过程并不顺利，不一致的思路、多次的修改，让她一时茫然无措，她找到我，从她的眼神里我分明读到了退缩与矛盾。她说：“校长，这是代表区域水平的赛课，我压力太大了，现在换人来得及吧？”我坚定地说：“关键时刻学校需要你，怎么能换人呢？你是我心中最合适、最信任的人选。”看我如此坚定，她略带羞涩地追问道：“校长，你决定了吗？”我拍着她的肩膀说：“不仅决定了，我还决定陪你一起去呢，到现场见证你的精彩。”

成功是预料之中的，艾茹凭借扎实的基本功，娴熟的小班化策略，上了一堂《爱莲说》，小班化味道十足。

回校后的艾茹简直就像变了一个人，激情迸射，如小宇宙爆发，一发而不可收。校内来访观摩课，少不了她；区域内大型赛课，她是重要人选；外出讲学，千人会场，她侃侃而谈。带着自信，她走上教师节表彰大会仁爱之师演讲台。接触她的所有人都说她变了，变得更加自信，更加成熟了。一次次机会接踵而至，一项项荣誉纷至沓来。

记得李希贵校长曾说过：当每位教师都感到自己很重要时，她一定是幸福的。是啊，艾茹的幸福感不正是来自于被需要、被重视吗？那是一种厚重的信任，这样的幸福感会让她的每一天都焕发着生命的活力。

幸福着，享受教师的成长；见证着，教师成长的幸福。

让学生的学习在课堂上真正发生

——浅谈对小班化课堂的领导

课堂，学校发展永远的阵地，学校理应沉浸课堂。一所学校，应专注于回归本源，聚焦课堂的探索；专注于课堂转型路上原创因子的研发，专注于学生在课堂上的学习如何真正地发生。乐为课堂“做小事”，才能成就学校“大发展”。

课堂，学生成长的主阵地，自然应是校长关注最多的地方。从“自主互助课堂”到“学习者课堂”，到今天提炼的具有三十七中特质的“微创新——521 自主课堂”，一路行走，一路追寻，追寻属于孩子们的理想课堂。

基于这样的认识，自开展小班化教育以来，学校将目光聚焦于课堂这一学校发展的核心，研究学生，研究课堂，研究什么样的课堂学生喜欢并深入而细致地关注与课堂教学相关的各个环节的落实，原创出一系列与之协同生效的课堂教学策略，使课堂教与学有了实实在在的抓手，从源头上保证了课堂改革的稳步推进。

一、整体规划，深入调研，实现对小班化理念的领导

1. 规划思路，架构管理模式

小班化教学实践研究初期，我们就确立了“高起点、强联手、重科研、造氛围、实探究、勤反思”的实施策略，围绕“重点在课堂、难点在课程、关键于教师、服务于学生”这一主线，切实加强对小班化教学的领导，创设各种载体，大力推进让“每一个”的学习真正发生的课堂教学实践，整体规划，立体

架构，建立起全覆盖逐点透析式管理模式。

2. 细致调研，数据面前反思

学生喜欢什么样的课堂？我们面向学生开展调研：将你喜欢的课堂要素写下来。调研结果发现，开放式课堂、互助讨论的课堂、师生融洽的课堂、学生参与多的课堂等受到学生们的欢迎。孩子们期盼的课堂与我们提倡的“自主互助学习型课堂”竟然一致。调研结果成为对老师最好的教育，小班化课堂改革不单单是上级的要求，更是学生的愿望。

3. 查找问题之源，跟进理念统一

“老师不讲，学生真的不会吗？”“课堂中你退至最后了吗？”“你的课堂目中有学生吗？”“你甘做课堂上的‘懒’老师吗？”

从调研中发现的问题，让我们深刻感受到：课堂改革推进艰难最主要的原因是老师不放心学生，把课堂当成了自己的舞台，目中有的是预设的教案、成型的练习，而非真正的人，并未甘心做一个勤在暗处，懒在明处的“懒老师”。

改变教师，必须先转变理念。每学期的各类主题式培训如期举办，校长、副校长、主任相继担任主讲，主题分别为《课堂上的学生第一，到底有多难？》《老师不讲，学生真的不会吗？》《在学生手底下解决问题》。同时区域小班中心分阶段分主题的沙龙体验式的培训更是让老师们感同身受，收获满满。不求立竿见影，但求氛围营造；无须快速理解，只求心灵触动。

二、回归本源，聚焦课堂，实现对课堂教学策略的领导

让学习在课堂上真正发生是一场攻坚战，没有扎实的抓手就无成功希望。学生的学习是否真正发生了？发生的效果怎样？首先必须把课堂真正还给学生，让学生动起来。必须从限制教师的讲课时间开始，要教师少讲，必须解决好两个问题：一是教师少讲，教师干什么？二是教师少讲，学生干什么？学校通过几年的实践，总结出“微创新——521 自主课堂”。

“5”，指课堂五步教学流程，即自主学习、小组合作、展示质疑、精讲点拨、反馈落实。我们强调学生自主、探究、合作的学习方式，关注学生学习发生时的体验获得，重视培养学生的自主学习力。

“2”，指课堂要实现的价值追求——高效、愉悦。只有学生的学习活动真正发生了，才能产生学生自主获得知识时所带来的心灵愉悦，才能打造出高效课堂。

“1”，关注一个核心要素——学生学习的真正发生。这是我们孜孜以求的努力方向，这样的课堂才是学生喜欢的课堂。

在打造小班化愉悦高效课堂的过程中，学校牢牢抓住课前、课中、课后三大环节，明确提出“实备、精讲、勤练、细批、严考、真评”的总体要求。同时，10 余项小班化课堂策略如珍珠般镶嵌其中，串联起一堂堂精美的课堂。下面仅以其中的几个策略为例做以说明：

1. 做实课前，奠定小班化高效课堂的坚实基础

备规律与重点。预设课堂困难，明确本课学习任务，重点与难点少而精，不求面面俱到，但求抓住一点，提炼规律；不求环节具体，但求一课一得，一练到底，保证重点突出，规律清晰。

备前测题目。根据教学内容及学生学习经验，备课时对前测题目做好设计，课初实施检测，快速批阅后决定当课内容如何取舍，重点关注 80% 以上学生不会的知识，对两端的 20% 的学生进行重点习练。

备课堂学案。设置课堂学案，以学案导学助练，约束教师明确本课主攻方向，为教师提供当堂批改的载体，给教师提供纠错的依据，为学生留下学习痕迹，同时学案将部分课后作业悄悄前移，可谓一举五得。

备后测题目。建立每节课的检测题库，下课前 5 分钟组织实施，检测结果当日反馈。课堂后测以结果回溯过程，真实的数字可以真正促进教师自我反思。

2. 做精课中，实现课堂教学功效最大化

优化“两只红笔进课堂”。首先是教师一支红笔进课堂。我们的做法是，课堂教学中，教师现场批阅，批阅人数和批阅形式根据时间及授课内容而定，

在保证批阅质量的基础上，批阅的覆盖面越广越好，随练随批，及时指导学生改正，教师的“批”与学生的“改”同步进行。这种做法，督促教师走到学生中间，关注每一个人；督促学生课堂上及时练习，提高当堂习得和记忆效果；便于教师及时调整讲授的深度和广度，提高课堂教学实效。其次是学生一支红笔进课堂。我们要求学生，所有练习，只要出现错误，必须用红笔修改，教师不可以直接给学生指出或标明错在哪一步，学生自己查找，详细改正，教师做最后的验收，使每一个学生养成了良好的修改问题习惯。

让小白板成为合作学习的显示器。已往课堂上通常存在的问题是，少数学生代替多数学生的思维，大多数学生的意见很难得到清晰的表达。我们苦苦思索，尝试了多种手段，最后将“小白板”引进课堂。“小白板”尺寸不大，收放便捷，书写容易，涂改方便，在需要小组合作学习时，每个学生都可以将自己的理解写到白板上，同学之间展开思维交锋，形成一个或几个结论，交由授课教师批阅，完成合作学习任务。它可以还原学生的认知过程，追溯思维脉络，就像显示器一样，在合作学习中发挥着积极的作用。“小白板”集展示、交流、评价于一体，成为小组合作的有效载体。

助教式课堂助力学生。助教式课堂是指课堂教学同时有两位或多位教师共同互助，其中一位教师任主教，其他教师为辅助，形成一种合作教学形式。同一备课组教师往往互为助教，多发生在单独任教一个班级、相互听评课、期末复习课的时候，助教教师不同于课堂上的小先生，不仅批阅正误，更重要的是帮助学生立刻解决根本问题。因其当堂纠错快、助教效果好而成为团队合作的有效载体。

创设小组合作学习的载体。在分组合作学习时采取“异质分组”和“同质分组”策略。新授课课型主要采取“异质分组”的策略，即每个小组都要兼顾高、中、低三个层次的学生，每组 5 至 6 人，形成 AA、BB、CC 结构。复习课课型主要采用“同质分组”策略，即同一层次的学生自主结合在一起，复习内容因层而设，难度逐层递增。实践中我们认识到，合作学习不等于步调一致，不等于齐头并进，合作学习必须要有“领跑者”，领跑者适当地保持领先地位，有利于调动其他学生的潜能，增强学习实效，而不断地确定领跑者并使其成为别人的追赶目标，是分组合作学习的重要环节。

加强“即时评价”。为了保证学生的合作学习真正地发生，就需要充分调动生生之间、组组之间的竞争意识，从而引进即时评价的概念。即时评价，顾名思义，就是当场对学生个体或小组集体的学习情况进行有力的评说，及时记录每堂课中学习处于领先位置的学生或小组，同质者要结成两两对子，对子之间既是竞争者又是互助者。开展评价时均以棋盘式表格的形式呈现，语言上的点评配以棋子的跳跃上升，无痕评价水到渠成。经过几年的实践应用，老师们都说：“谁用好了即时评价，谁就拥有了小班化教学的高效课堂。”

“限时四小”提速增效。“限时四小”指为每个课堂配备专用限时器，要求教师在授课过程中，对课堂内四个主体模块的限时操作，并根据学生学习目标任务的达成情况，来评估自己的备课、授课质量，调整自己的批改、辅导重心，结合固有的学情改良和创设新的学习氛围。目前，学校把限时学习的重点定位在课堂的四个高效点上，它们是：“限时小测试”“限时小先生”“限时小白板”和“限时全员小结”。

让关注学习的发生落到实处。没有关注就没有教育。“小班化教育”使教学过程中每个学生学习的发生受关注的时间、频度都得到大幅提高，特别是大班条件下难以展开的对学困生的关注问题，在小班化教学中可以迎刃而解。我们提出“以学困生掌握程度为检测起点，不让一个学生掉队”“不比起点比进步，不比智力比努力”。将每节课的跟踪目标紧紧锁定在学困生上，包括备课中对学困生的预设，授课中对学困生的提问，作业布置时对学困生的重点关注等。同时，我们规定：对学困生的作业必须面批面改；个别辅导批改能解决的，绝不大面积进行；批改环节做到讲必练，练必批，批必评，评必纠，纠必查，查必改。

3. 做细课后，将“关注每一个”真正做到实处

用好“知识排查”和“二次批改”表。知识排查表可以把学生在知识遗忘或教师在辅导补救中因时间和精力有限而造成的损失降到最低；“二次批改表”是对“知识排查表”的再次深化和不断完善。学校提倡教师创造性地使用此表，可以有自己的标识、记号，不需要整齐划一，只求实用方便。“两表”现已成为教师每天离校前跟学生对话的依据，能切实帮助学生完成“日日清”任务。

开放“三同三异”课堂。“三同三异”课堂是指“同课异构”“同班异课”“同人异时”。“同课异构”是指在同一备课组内开展的组内诊评活动；“同班异课”是针对同一班级、同样群体而开展的不同学科的自我反思活动；“同人异时”是指对骨干教师或薄弱教师进行的连续跟踪诊评活动，或示范引领或硬性提示，从而实现辐射影响力。学校每日坚持开放“三同三异”课堂，校领导及专家组成员全程跟踪，配以课堂观察，当日反馈，及时整改。

坚持视频切片研究。学校坚持定期为每位教师录制课堂教学实况，按教学环节将每节课分成若干切片。中层以上干部按学科分工，与教师一起，逐帧进行切片回放，开展深度解剖，定格诊断，查摆问题。教师在规定时间内形成翔实的个人教学反思，对存在的问题制定改进办法，学校专家团队进行问题跟踪，帮助教师调整和改进教学。

妙用“活页夹”和“双色笔”。“活页夹”的作用之一是学生用来纠错、教师进行再批改；它的另一个作用是学生用来搜集、留存“课堂学案”，要求学生分科整理，教师定时检查。这样，一段时间下来，不同学生的个性化复习资料就汇集起来了，在将来的复习时就可做到条目清晰，资料齐全，便于学生形成知识网络。“双色笔”在小班化课堂上起到极大的作用。一般要求学生在接到“学案”后，即进入学习的第一个环节——自学。在自学中一旦遇到“拦路虎”，“双色笔”就派上了用场。让学生把不会的问题标注出来，就是让他们明确课堂学习的基本任务，并让学生知道，把不会的问题学会，其实就完成了任务，团队就可以胜出。

如今，书写在孩子脸上的是阳光、自信；荡漾在教师心中的是愉悦、幸福。课堂内外、校园上下无不回荡着朗朗的诵读声、合作的欢笑声、小先生的赞美声、小白板的书写声。

回眸几年的小班化教育，学校把握小班化课堂教学运行规律，在小班化大舞台上舒袖领舞，不断创新。课堂与学生，是它经久不变的关注，三尺讲台，因师爱而美好，一方天地，因生命成长而灵动。品味学校小班化教育，演绎的是育人为本的主题、跨越发展的速度，勾画的是“每个孩子都可以教好，每个生命都应该幸福”的壮美，这是它恒久的关注和聚焦的原点。

近年来，学校获得“大连市先进学校”“大连市特色目录学校”“全国百强特色学校”等荣誉称号；各项评估指标均居区域前茅，全国各地前来考察学习者络绎不绝，特色项目影响力日益彰显。

在今后的研究之路上，学校继续把“以学生的学习真正地发生”作为变革的原点，把聚焦课堂作为研究的核心，不断完善课堂教学改革的内容，让学生在“学而有助”“学而有乐”中“学而有得”，这将是实现高效课堂不断超越、发展与创新的永恒追求。

夯实私德基础，拓宽公德渠道，沐浴大德光辉

——大连市第三十七中学"公德与私德大讨论"活动感悟

首先，感谢局领导再次给予我校与大家分享交流的机会，三十七中历经多任校长多年的苦心经营及理念传承，已经形成深邃厚重的文化，取得了丰富的德育成果，也涵养了丰富的德育资源。本次交流呈现的是通过半年来我对学校德育工作粗浅的梳理而归纳出的真实的德育状貌，时间尚短，不当之处在所难免，敬请各位指正。

习总书记曾说"核心价值观其实就是一种德，既是个人的德，也是一种大德，就是国家的德、社会的德。""培育和践行社会主义核心价值观，要注意把社会主义核心价值观日常化、具体化、形象化、生活化，使每个人都能感知它、领悟它，内化为精神追求，外化为实际行动，做到明大德、守公德、严私德。"

中外学者对公德私德概念的理解各有千秋。简单地说，公德，即社会公德，是指在日常公共生活中形成的人们所应遵循的最起码的道德规范的总和。私德是指每一个社会成员在私人生活中应遵循的道德规范与品质的总和。

初中阶段是学生道德发展的特殊时期，同时又面临着竞争激烈的升学压力。办一所什么样的初中？是追求"书本的教育"还是关注"人的教育"？是追求分数还是关注学生的生命成长？这是我多年来一直在思考的问题。今天，在"公德与私德"大讨论的基础上，细细品味前几任优秀校长的办学思想，认真思考他们的德育架构，得到这样的共识，即"发展特色，全方位育人，促进学生全面发展"。我们的思路是：立足学生的个人素质，以私德教育为

基础，以培养学生公德为价值取向，以学生感受大德内涵为目标，通过三条主线、国际理解教育和义工服务，促进学生成长为“明大德、守公德、严私德”新时代合格公民。

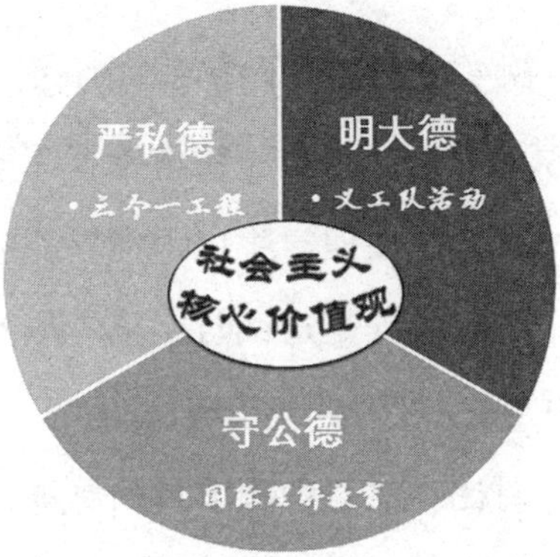

一、夯实私德基础，围绕“三条主线”践行个人品德

我校围绕培养习惯、触及心灵、铸就品格三条主线，开展系列活动，落实社会主义核心价值观。

搭建“星级”平台，促进习惯养成。我校开展争做“三十七中学之星”的活动，以星级管理为平台，培养学生健康向上、文明规范的行为习惯。每位学生通过日常行为规范的管理，逐渐丰富自己的“美德修行本”，让美好的理想、行为融入日常习惯的养成和自我管理、自我提高中。在星级管理已见成效的今天，我校学生基本形成了良好的行为习惯——学生们说话得体、举止文雅，师生之间、生生之间互相尊重、互相关心，全校形成了团结向上、合力共进的教育教学新局面。

借助活动载体，触及心灵洗礼。情感教育中力求触及学生心灵，如“感恩教育”利用三八节、教师节、感恩节，在三个年级开展不同内容的系列活动，让学生感受亲情、感谢师恩、感恩自然，在真情实感中陶冶情操，净化心灵。

借力“道德讲堂”，铸就优良品格。通过“促自我反省、唱道德歌曲、学模范事迹、诵道德经典、做一番承诺、送吉祥祝福”等活动，以“倾听、观看、讲述、评议、展示、践行"等形式，让学生在吟诵、记忆、理解的过程中，涵养道德情操，升华思想境界。

二、拓宽公德渠道，以国际理解教育促进道德认识

我们提出"倡百家、融一家、形成自家"的理念，把"理解、共处、合作"作为核心理念，通过国家课程悄然渗透、校本课程深度开发、研究性学习深入推进、国际交流实地感悟等形式促使学生认识世界那端的同龄人。了解认识的过程是辨析提升的过程，盲目崇外是这一时期孩子很容易出现的，本学期进一步丰富了"国际视野·中国心"的国际理解教育内涵，通过对异国文化的研究，强化对中国文化的热爱，对比生成对中国节日的尊重、对中国文字的喜爱、对中国古诗词的景仰、对中国音乐的追随，同时引发学生对"怀揣中国心"责任感的良心叩问：距离一名合格的现代中学生，我还相距多远？既有对中国文化的尊重，又有对世界文明的接纳，该是对国际理解教育最好的诠释。

目前，我校已与英国、日本、新加坡、俄罗斯等国家的学校发展交流合作关系，并在课程开发、师资培训等诸多领域取得了实质性进展。近年来，我校共有300余名师生加入到国际合作交流活动中来。

经过多年的国际理解教育特色发展，学校形成了"以生为本，师生对话，生生互助"的特色课堂；研发出"中外节日文化研究、世界名校之旅、国际组织通识"等精品校本课程；创新出"古诗词班班唱""国际节日嘉年华"等传统特色活动；拓展出"游学见闻分享""英语情景剧展演"等专题实践活动，构建了持续发展的平台与空间，增强了师生"理解、共处、合作"的国际理解意识，也促进了校园文化的繁荣。

三、沐浴大德光辉，义工站活动提升道德品质

学校成立了志愿者服务队，制定出志愿者活动和管理制度，建立了志愿者服务活动档案。隆重举行志愿者总队启动仪式，志愿者服务活动走入常态化。学生们走上街头宣传艾滋病预防知识，定期深入社区和敬老院慰问演出、整理

内务和清扫卫生，与大连外县区学校开展手拉手互助活动，捐献图书，提供教辅资料，全校师生还多次向受灾、贫困和患病学生奉献爱心，共捐书5 000余册，捐款7万元。关爱他人已经成为三十七中人的日常行为。

在志愿者服务队的基础上，2013年我校成立了“承成”义工班，在大连市慈善总会金秋乐义工站的领导和组织下，参加了老虎滩老年疗养中心清扫、清明节纪念先烈祭扫、儿童节亲子服务等多次义工活动。活动中，学生们零距离地认识了自己的社会责任，强化了公德意识，更真切地感受到国家的文明与和谐发展是先烈们的鲜血换来的，完善自己，服务社会，是对中华民族优良传统的最好继承。“承成”义工班默默无闻的义举被大连电视台、半岛晨报捕捉到并做了相关报道。

2014年开学伊始，以原有义工班为基础扩大规模，纳新招生出人意料地备受关注，如果说学生的积极报名是意料之中的话，老师们的踊跃参与却是超出想象，目前全校已有75名教师、235名学生加入义工站。4月4日，我校义工站与慈善总会联合举办的本学期第一次义工活动将在英雄纪念公园举办，“小小义工在超市”“走在春风里”等活动也已经策划完成，将陆续开展，义工站已然成为我校的主要德育阵地。学生在感受大德内涵的同时，切实提高了自身的道德素养。

罗尔斯说：“社会的制度形式影响着社会成员，并在很大程度上决定着他们想要成为的那种人。”我校的德育工作已经形成和正在形成学校的制度体系，正在影响着我校的师生，学校和社会的大环境决定了我们想要成为和将会成为“明大德、守公德、严私德”的新时代公民。

总之，学生的“公德”与“私德”的培养需要长期的潜心经营。但我们坚信，只要遵循德育观，坚守育人目标，我们就能让德育成为引领学校发展的强劲动力，让每一个学生都浸润其中，享受到公德与私德教育影响，从而实现“每天进步一点点，每天创新一点点”“让优秀成为习惯”的美好愿景！

他山之石

探访姑苏，寻觅教育基因密码

——参加大连市骨干校长班苏州培训有感

多年来，我们的培训多数徜徉在北、上、广、深等前沿教育领地，苏州的教育，细想起来，真的涉足不多。于我而言，对其有限的认识，也多数停留在一知半解的层面，因而对苏州教育充满探究的渴望。晚秋时节，因大连市骨干校长班异地培训，有幸与我市及我区一行近40位校长，踏上苏州这片文化深厚、经济发达、社会富庶、充满活力的热土，对苏州的教育进行了较为深入的探索。我们以教育者的视角透视苏州，看它的文化生态，看它的文明传承，看苏州教育人的情怀与担当，看苏州的教育怎样服务于新的时代、服务于它的社会生活，重点看苏州学校怎样在变革中发展与升华。可以说，如愿以偿，收获颇丰。受局党委委托，也代表同期参训的孙冬怀、邹闯两位校长，在此，将一点心得与大家分享，敬请指正。

本次培训，形式丰富，内容厚重。我们共聆听了9场精彩的报告，走进5所学校参与现场教学观摩，并与这些学校的管理者进行了面对面的互动交流。专家学者的独到见解、当地校长的精彩阐释、各类学校的文化氛围、教师学生的气定神闲，无不给我们留下深刻的印象，无不引发我们深入地思考。

深刻印象：回归本源、自信从容、行稳致远

苏州教育局副局长华意刚的精彩开篇《基础教育的任务与校长的使命》，

用他的教师、校长、局长三个看似简单实则极不平凡的经历，向我们诠释了校长是学校灵魂的观点，以及“把老师当回事，让老师有事干，帮老师干成事”等队伍建设的基本原则。

苏州首批功勋校长之一、立达中学顾苏云校长博雅精深的《校本课程的建设与思考》专题报告，精辟阐释了“将校园作为一个课程来打造”的文化浸润教育理念，既古朴典雅，又现代大气，听来对教育的真谛及课程的实施引发深度思考。她认为，校本课程不在于多或少，课程是学生成长的跑道，校本课程应与学校育人目标高度切合，只有体现学校文化特色的才是好的校本课程。

原苏州十中柳袁照校长 3 个小时的站立报告妙语连珠、侃侃而谈，以他的博学睿智、幽默诙谐彻底征服了在场的每一位学员，他用充满激情的话语，详细地向我们展示了如何做最中国的诗性教育，做俯下身静候的教育，做有生命质感的教育，做如自然般美妙的教育，做阳光下个个绽放的教育，做敢于摔跤的教育，做一路有风景的教育，做能超越常态的教育，做能在静谧中坚守的教育，做有一份迷蒙与神秘的教育。也让我对他的教育理念熟记心中：“做一个有情怀、勇于担当、具有原创品性的人”，也许这就是教育的理想和理想的教育。

平江中学邓大一校长的报告《指向认识发展，促进有效教学》，向我们详细介绍了学校基于核心素养的课程改革设计和具体举措，将一份厚重的思考和极具操作性的实践体验和盘托出，展现了学校办学的充分自信。

整个培训在苏州教育局基教处朱向峰处长的精彩讲座中落下帷幕，他极具思考力的讲座《我们生活在一个叫作学校的地方》，从“太上，不知有之”这个文化命题说开去，我们也随着向峰处长一直在内心叩问自己这样几个问题：

为什么要管理？怎么管才会好？管了就一定好吗？不管又会怎样？什么是老师？什么是校长？什么是学校？学校为什么要发展？学校为谁而发展？所有的问题汇聚成一个核心问题就是：如何办好一所学校？这也是我们每位校长内心深处最关心的问题。

同时，我们还走进了新一轮课程改革已经卓有成效的苏州振华中学，以山塘街历史文化课程著称并荣获省级科研特等奖的草桥中学，小组建设与管理已卓有建树并且因此摆脱薄弱的木渎中学，创办仅仅6年就受到当地百姓热捧的星海实验中学，再有18年将迎来千年校庆的苏州中学，这些不同类型的学校都让我们记忆犹新，他们以不同风格向我们展示了不同特色的成功典范。迥然不同中有一点是共通的，即他们是有教育情怀、有教育使命和担当的人，把教育做得简静从容，让教育入心入脑，让课程真正服务学生成长，成就学生一生，从上述名校长的执着与坚定中，我们看到了苏州教育的优秀基因密码。

思考一：阻碍我们进一步提升的因素是什么。

多年来，我们也在勤奋耕耘，不断地学习，不断地实践，带着希望去播种，满怀喜悦去收获，很多时候感觉我们做得也还不错。但"学然后知不足"，比较之下，相形见绌，我们的差距还是客观存在的，对我个人而言，更是如此。这些年来，每次参加培训后都会有这样的感受，而且随着培训的增多，感受越发强烈。本次苏州之行，让我进一步认识到，所谓大家风范，是源于实践、成于思考的。

几天的培训中，柳袁照校长的诗意情怀，华意刚局长和朱向峰处长的理性思考，草桥中学、木渎学校、星海实验学校校长们的行动智慧，都让我们由衷地赞叹和折服，同时也引起了我的思索，都说南方人比我们会讲，能把简单的事情说出深刻的道理，这话好像不错，但细细琢磨，话语中又不乏调侃，有些揶揄他们可能的华而不实。但事实是南方多数地区的教育的确比北方教育先进，如果只有华而不实，恐怕难以支撑长久以来的格局。本次培训中亮相的这些高手名家，追溯历史可以看到，他们全都是从基层学校校长走过来的，在他们的成长过程中，既有丰富的磨炼与实践，更有不懈的思考与探求。"学而不思则罔，思而不学则殆"，他们用自身的实践与求索，反证了这句古语的深刻道理。我们与上述这些现任校长或曾经的校长一样，基层学校教育教学管理实践是我们天天都在经历的工作，所不同的是，我们可能更多的是被动工作，是事务性的工作，是形成定势的惯性工作，缺少像他们那样积极深入的思考。而思考形成思想，思想决定行动，缺少这一环节，随着时间的推移，差距就逐渐显现了。但是，我们应该看到，他们的今天也照亮了我们的明天，只要我们勇于实践，勤于思考，今天的他们一定就是明天的我们。

思考二：关于品质课程建设。

什么样的课程才称得上品质课程呢？苏州之行让我看到了品质课程的样子。木渎学校顺应该校近85%外来务工子女的学习需求，让我认识到品质课程一定要有倾听感；立达中学设计精细的课程，让我感受到品质课程一定要有逻辑感；景范中学自然嵌入而非加减法，让我体会到品质课程一定具有统整感。从这几所学校的嬗变中，我又深刻领悟到品质课程是具有质地感的，直接触及课堂变革，与教学质量的提升有密切关系。

正当我对学校课程建设困顿迷茫之际，苏州之行无疑是一场及时雨，让我对以下问题有了更深刻的思考：如何基于三十七中办学理念、目标基础上，做好顶层设计？如何制定符合自身特点的学校课程建设规划？如何建立并完善我校的课程体系？如何建立符合我校实际的特色课程群，如何绘制结构图？什么样的课程评价真正助力孩子的美好人生？三级课程如何真正有效落实？全课程何为？主题式学习又何为呢？

这种拨开云雾见天日的兴奋激发了我回到学校的冲动，我在想，是不是行动起来才是理论学习最好的践行，不尝试怎么就知道不行呢？如今，地方课程我们已真正开启，场馆学习开始向前推进，以品质课程牵动的顶层设计正全面规划中，“形象积分”评价手段正在试点运行。

古语云：“合南北之天时地利人和者终成大器”。接受培训的目的就在于能够不断开阔视野，不断自我提高，虽不敢说能成大器，但也应该行进在通向这一目标的路上。

在十九大刚刚闭幕之际，我们有幸考察学习苏州教育，带着问题而去，携着思考而返。我们必将秉承十九大主题，不忘办学初心，牢记教育使命，融通南北，智慧同行，努力让我们的教育变得柔软，让我们所从事的教育一路布满风景，让我们所在的学校真正成为一个称作学校的地方。

学无止境，学习无处不在

——我的上海学习之行

2015年10月，辽宁省专家型校长第三期培训班学员一行30余人带着执着的教育之梦，带着学习的渴望与分享的喜悦来到上海，汇集于上海沪江进修学院，寻找教育的更高理念，追寻教育的崭新梦想，难忘的求学之旅就从这里开始了！

当学习不再是一种负担，而是一种需求、一种享受时，你就会主动学习，在上海的生活真的是因学习而精彩。虽然从上海回来1个多月了，但在上海学习的点滴新意还那样历历在目。

一、因闻所未闻、见所未见而深受感动

1.感动于专家的厚重博学

开班典礼上，当翻开培训日程，看到仰慕已久的诸多专家的名字跃然纸上时，心情可谓是踏实而激动，充实而快乐，心中默念：此行足矣！

16天时间，我们共聆听18场精彩的报告，考察了3所学校，总体感受可谓是大开眼界，冲击强烈，理念超前新颖，观念大气恢宏，专家讲座各具风采，特别是郑金州、卢启升、谢利民、顾泠沅教授的报告耐人寻味，金辉校长、祝郁校长的一线实践体验更是让我们学有抓手，便于操作。报告真的是让人有意犹未尽之感，我们由衷地感叹：能够聆听到如此精彩的报告，能够与大家零距离分享，不虚此行。

聆听的同时，我在认真地思考：关于校长领导力的提升、关于信息技术与

学科整合、关于课程改革的思考、关于基础教育的均衡发展、关于高考制度的改革等观点真的让人折服称道，大到政策的解读，小到教师研修制度的落实，关于教育我们自认为涉世不少、研究颇多，但教育的目的到底是什么？关于教育改革的研究终极如何界定？如何引领当今教育向优质高位提升？这些以前思所未思的问题，而今，在专家们的启迪下，思考悄然而至。理念是行为的根源，理论是行动的指南。平日杂事缠身，我缺少的就是理论，这半个多月中，我体验着“智慧与智慧的碰撞过程”就是一个“心门开启另一个心门的过程”的学习之路。这也许是进步的起点，此行的目的之一吧。

2. 感动于组织方与承办方的细致服务

此次培训由辽宁省教育厅主办，由辽宁教育行政学院和上海沪江进修学院承办，双方无论从学习内容的安排，考察实践地的联系，到生活上一日三餐的挑选，起居作息的照顾，都给予了我们细心的照顾与服务，感受到来自省领导、上海人的温暖与热情，虽然活动规格并不高，但总体感觉之一是前期准备充分，设施设备齐全，政府大力支持，各方高度重视，学员参与热情高涨，专家讲座精彩，效果共鸣强烈；感觉之二是活动组织精密有序，表现在整个学习过程可谓环环相扣，周密严格，预设充分，分工合理，态度谦和，服务周到。

二、因坦诚交往、深度交流而激动不已

1. 研讨、交流的思想碰撞——回味弥新

研讨、交流就是“一个灵魂唤醒另一个灵魂的过程”。

教静院附中原是区域内的一所薄弱校，临危受命的张人利校长高举课改大旗，创立的“后茶馆式教学”让这所薄弱学校一跃成为上海中心区的热点校。该校的腾飞发展之路给了我们不小的启示：学校的课程观决定着教学观，并由此决定着教育改革的品质。教改的研究与实践视角既在课堂，更在课程上。我想我们的差距就在于没有把我们的实践上升到课程的高度，只有这样的教育才能走得更坚实，走得更远。

在每一次的交流中，从授课专家的身上领略到了上海教育人的侃侃而谈；从上海校长的身上领略到了上海教育的精致；从同行的校长们身上领略到了教育要敢于抓住机遇，领略到了教育的粗犷与大气……交流无限，收获无限，成长无限。

我也深深感受到了自己的差距：缺少大场面侃侃而谈的底蕴，缺少勇于争先的胆量，缺少对教育深度的思考，缺少对学校工作的提炼。在学习结束之后，大家彼此邀请到各自学校相互学习时，我真的是忐忑的……这些都是我回来之后要历练之处。

2. 疏理、品味的提炼反思——温故知新

学院所设计的每日心得，让我们每天都有新的思考，15 份作业记录的是 15 种收获，15 种心境，更是 15 种更新与创造……

记得在最后一篇反思日记里，我记下了这样一个小故事：记得课下交流中一位校长问道：你们一学期听多少节课？当我说，我们区是 80 节课时，他们都不相信，会听这么多，很吃惊。课中专家的一席话更坚定了我的信念：有本事的校长管课堂，没本事的校长管门房；校长可以不上课，但是听评课是必须坚持的。校长对课堂教学的领导，首先体现在校长听评课上。校长深入课堂教学第一线，通过听评课，能够摸清课堂教学的真实状况，分析学校教学的动态，研究如何改进教学。校长的教学领导力只有在教学领导实践中才会不断提升。我觉得这对每一位教师教学水平的提高、教学思想的完善、教学特色的形成都起着不可忽视的作用。尤其是对于学校的薄弱教师，有效的评课，也就是手把手地教会他们上好每节课。

记得回来之后，在学校听评课活动中我说，有时候我在想，老师的课堂教学不高效，除了老师自身的差别之外，很关键的一点是我们的教学指导力还不够。所以，我还要实实在在地“扎下去”——深入课堂开展小班化理念下的高效课堂的教学研究，对课堂教学观察点的听评课活动的深度研究。

辐射引领

革故鼎新，为了更好地“再发展”……

——大连市第三十七中学义务教育标准化管理示范校创评工作汇报

我想先用三句话表达对创评工作的体会……

第一句：创评前我们在哪里？ 创评后我们要走向哪里？ 我们怎样走向那里？

第二句：《管理标准》只有与学校实践相结合才能焕发其生命力。

第三句：只有将创评工作提升到“再发展”这一高度来认识，才具有普遍意义和可借鉴的价值！

2018 年 8 月，我校被评为大连市首批义务教育标准化管理示范校，创评过程中，我们得到了市局专家组的高端引领，得到了西岗教育局的悉心指导，通过创评动员指导、校长答辩调讲、两轮区级复查，我们的思路更清晰，方向更明确，在此表达衷心的感谢。同时感谢市局给予 37 中学这样一个机会，愿意同大家一起分享创评过程的感受，不当之处，请指正。

党的十九大提出“必须把教育事业放在优先位置”，《义务教育学校管理标准》（以下简称《标准》）是新时期义务教育阶段学校管理和发展的纲领性文件，为学校实现管理法治化、规范化、精细化和科学化提供了指南，标志着中国基础教育进入了依法治教、标准办学、管理育人的教育新时代。这是全面提高义务教育质量的必然要求，是促进义务教育均衡发展的关键之举，也是规范义务教育办学行为的有效抓手。在创建义务教育管理示范校的过程中，我们深切体会到《标准》为学校的内涵发展进行了“全面体检”，更为学校的品质提升点燃了内动力。

一、价值认同 顶层设计明确方向

《标准》的落实过程是对教育管理者智慧、勇气的考验，因此必须在贯穿融入上下功夫，在落实细节上见成效。

1. 学习《标准》，提升认识

创评工作是一次深入的学习，有目标才能有动力。学校领导班子首先认真研读《标准》，从保障学生权益、促进学生发展、引领教师进步、提升教育教学、营造和谐环境、建设现代学校制度 6 大方面，22 项管理任务，88 条基础性指标及 12 条发展性指标中深入领会《标准》。学习，提升了认识，明确了职责。

2. 明确责任，抓好落实

创评工作是一次凝聚力的检验，责任是行动的基石。《标准》落地是一项系统工程，需要校长的主导、班子的支持和教师团队的力量凝聚。学校成立专项工作小组，统一认识，依据一员负责制，设立一员负责人，明确各部门统筹协调的工作机制，形成上下承接、各有分工、责任明确的工作网络。《标准》产生了“杠杆”力量，撬动起学校稳步前行。

3. 依托内涵，助燃动力

创评工作提供了一次完善的机会，自我修正求发展。《标准》作为一份管理制度文本，为不同区域和不同类别的学校提供了更加广阔的空间和更加精细化的余地。因此，《标准》的落地和科学实施需要我们结合学校现状，既不能生搬硬套，又不能浅尝辄止，必须做好校本化的处理。在“融合”及“嫁接”上做文章，在“梳理”及“提炼”上动脑筋，研制出更为具体、细致的操作要求，激活学校发展内动力。

4. 梳理薄弱，补齐短板

创评工作是一次全面的体检，薄弱处即生长点。在创评过程中，我们清醒地认识到：对标审视、自我评价的过程不仅是形成科学、规范的办学价值观认同的过程，也是促进学校薄弱领域持续改进的过程。借创评东风，我们首先是逐条归类，分项排查，细化明确了存在的不足，详细列出了薄弱清单；随后进行了顶层设计，重新梳理出学校发展的五大核心要素（课堂、课程、学生、教师、管理）；最后，全校上下统一思想，达成共识，认真聚焦薄弱点，用心寻找生长点，努力形成新亮点。

二、精准聚焦 围绕核心实现突破

下面将结合两个案例谈谈创评带给学校的变化。

聚焦案例一："全覆盖逐点透析式"管理新模式的诞生。

从学校原有的起点来看，学校规章制度是健全的，但不成体系；时间管理是阶段的，但不连贯；空间管理是精细的，但有盲点，学校管理整体呈现"碎片化"状态。因此，创新管理模式成为我校首个聚焦点。

《标准》从"提升依法科学管理能力，建立健全民主管理制度，构建和谐的家庭、学校、社区合作关系"3个方面提出了15条管理要求。

那么如何将标准中的硬指标活化为软策略呢？经过全面梳理，系统提炼，"全覆盖逐点透析式"管理新模式由此诞生。此模式依据《标准》中的要求，针对校园管理时、空、人三元素，逐点观察诊断，逐项解决问题，建立相应的管理制度。内涵包括时间管理全覆盖、空间管理全覆盖、校园人管理全覆盖，立体形成"三横三纵"多个节点、"四大引擎"多方保障、"一员负责制"精准定位的项目化管理新模式。

此模式真正解决了"三无"现象，即无死角、无盲点、无"闲人"，营造起"人人有事做，事事有人做"的管理局面，让"师生民主参与学校管理"变成现实，让"建立并完善制度机制"有了抓手，为"实现依法管理、自主管理和民主管理"创设了良好氛围，目前精细化管理体系已然形成，学校悄然发生着变化。

聚焦案例二：名誉管理——建设幸福教师团队。

面对《标准》中"加强教师管理和职业道德建设、提高教师教育教学能力、建立教师专业发展支持体系"3个方面14条管理要求，我们深刻感受到，在《标准》第三大方面即引领教师专业发展方面，我们的队伍建设缺乏顶层设计和理念引领，更缺乏问题排查和科学施策。同时我们也在不断地问自己：队伍管理一定是制度约束吗？唤醒教师进行自我管理、自我提高的要素到底是什么？

通过调查问卷我们发现，部分教师幸福指数下降的原因包括个人教学质量不高，教师素养欠佳，不被家长、学校认可，身心健康堪忧，高职教师的职业倦怠，对"问题学生"的管理无奈，等等。通过深入的思考与梳理，我们提出了"名誉管理"理念，破解队伍建设密码，建设幸福教师团队。我校紧紧抓住创评这一契机，高高举起"教师第一"大旗，帮助教师"管"好面子，"理"好名誉，以"亲情家园、人本校园、成长乐园"为教师队伍建设目标，以培养教师对学校的认同感为抓手，加强、优化了教师"名誉管理"体系。实施过程中，每年一个团队精神，建立团队精神之魂；学校的事情大家定，培养共同的价值认同；"四格""四化"菜单式培养，推升教师专业能力；抓住关键性事件，搭建教师展示平台；实行项目承办制，享受团队成长幸福。

"名誉管理"让教师切身感受到被尊重的需要和自我实现的幸福，对职业幸福有了更深刻的体会，团队精神引领下的教师队伍激情荡漾，活力四射；"四格""四化"培养模式，让四大群体教师得到不同程度的锻炼，一批教师脱颖而出；家长学生调查问卷满意度逐年提高，创评以来无一例家长投诉举报事件；许多精品课程被开发出来，教师与课程同成长……

以前只是希望，而今，创评过程带来的学校变化让我看到，多年来一直寻找的管理梦想正向我们走近……

各位领导，各位同仁，被动迎检的过程充满苦痛，结果收获甚微；主动改变的路上满是惊喜，最终迎来蜕变。作为学校领航人，我深知自身肩负着学校文化的传承与发展，肩负着无数个家庭的幸福与梦想，我们不会因为一次创评而进行盲目地改变，任何事物只有植根于学校的土壤才会焕发生机与活力；我们同样不会因为故步自封而错失一个学校发展的机遇，因为在教育新时代的背景下发展是解决一切问题的基础，教育改革是一场没有终点的征途。

基于如下两个目的，才有了今天的分享，一方面介绍我们的做法，争取让各位同仁在创评的路上少走弯路；另一方面是传递我们的信心，在学校发展的路上各位并不孤单，我们一起砥砺前行。

谢谢！

推进片区融合，实现校群共赢

——大连市第三十七中学片区管理做法介绍

西岗区义务教育时段的中小学衔接研究已开展多年，并初见成效，在此基础上，我区充分考虑义务教育阶段教育的连续性，从创新教育管理入手，大胆提出"片区＋校群"管理理念，推行"片区＋校群"网络化均衡管理新模式，以期达到片区融合，校群共赢的良好局面。

一、"片区＋校群"概念的提出

"片区＋校群"模式是指"纵向上的片区有效联动"和"横向上的同学段强弱校联合"模式。

"纵向上的片区有效联动"是指我区将片区内对口中小学组织起来，实行松散型的九年一贯制管理，由中学牵动，进行集中规划与设计，围绕稳定质量、提升质量，稳定特色、提升特色的目标，促进片区内中小学共同发展。

"横向上的同学段强弱校联合"是指采取新老优质学校轮值制度，共同探讨本学段问题和片区发展中的难题，建立信息和方法沟通机制，形成"校群"管理模式。

我们把校群工作的基点定位于"以共进的态度学习交流、以开放的心态分享经验"，把活动方式建立在"以见面、互访和网络的形式进行专题性研究，利用参会间隙、提供资料、电话交谈等形式进行个性化问题交流"。当以团队协作形式解决某一所学校发展中的瓶颈问题时，我们深深感到校群管理模式让我们在收获工作带来的成就感的同时，也积累了经验，增强了自信，更增进了彼此间的友情与信任。我们很享受“需要见面一叫就到，关键问题一拍即合，棘手事情一议就成”的校群工作风格。

目前，西岗区共成立了9大片区和5大校群，今天重点就片区管理模式向与会者做简要交流。

二、三十七中片区简介

三十七中片区由三十七中学牵头，与对口的实验小学、东关小学共同组成。片区共有学生2 700余人，教师225人。软硬件设施设备优良，现代化教学设施配备齐全，专业教室功能完善。

本片区又名“日新片区”，并以此确立主题教育理念，包括：实验小学的“实验＊日新”、东关小学的“求真＊日新”、三十七中学的“激励＊日新”，突出“关注每一个、发展每一个”的小班化教育理念，确定了“每天创新一点点，每天进步一点点”的一体化目标。

为挖掘内涵，有效对接，促进片区整体推进，我们制定出《三十七中片区一体化行动方案》，提出了片区8个“一体化”的行动策略，即“一体化”理念，“一体化”研究，“一体化”特色项目，“一体化”课程开发，“一体化”质量监控，“一体化”特色教师培养，“一体化”资源平台建设，“一体化”合作力提升。

三、片区管理经验及做法

1. 整体架构，完善管理机制

首先，成立了片区管理小组及片区教研共同体。实现层级管理，不定期开展活动，各学科成立片区大教研组，每学期召开一次全员参加的研讨活动和联合教研活动。

其次，确立了片区发展思路。即“合作发展、携手共进”的工作思路，共同签署合作发展备忘录，将片区管理研究制度化、规范化、常态化。

然后，制定了片区管理研究方案。重点围绕学科教学研究、学生管理研究、特色项目研究、教学质量研究四个方面展开。

最后，还确定了片区管理原则。即“中学适度引领、向前延伸，小学打好基础、适度超前”的原则，在小学六年级和中学一年级展开具体研究，并将此研究前伸后延。

2. 教研引领，优化管理过程

（1）片区管理，让课堂更高效

片区每学期坚持开展一次中小之间的同学科异构、小小之间的同学段异构研讨活动。通过研讨、辩论等形式达到纵向上的相互渗透，横向上的学科整合。让教师们走进对方世界，为他们提供了提前“立体”认识自己教育对象的机会，让师与生、教与学双双提前进行全方位、多层次的相互了解和相互适应，避免出现相互间只见树木、不见森林的尴尬与无助，自然完成由“突变”到“渐变”，并在“渐变”中顺利完成中小教学的衔接过渡。

（2）创设载体，巧妙介入

我们尝试在小六年级将初中部分知识通过研究性学习的形式适度渗透，这样既可缩短小升初的调适过渡，又可为初中三年赢得时间。片区管理不是刻意而为，而是潜移默化、润物无声。如此，减少了些许“抱怨”，增加了诸多思考，把衔接共赢的意识落实到行动上。

（3）家校联动，科学指导

定期组织中小衔接家长会，举办“升入初中你准备好了吗？”“名师咨询答疑”主题培训，既为家长科学家教支招，又使家长自然而然地走进初中近距离地了解初中学校。

3. 特色牵动，共享发展成果

我们立足片区实际，挖掘片区特色资源，发挥特色教师作用，整合、统筹片区特色发展项目，确保中小学特色的有效承接，保障片区学生九年培养方案的实现，系统衔接学生的特长发展。

三所学校共同开展“一球一操一唱一乐器”活动，并分别以乐器、健美操、大合唱作为领头雁牵头组织本片区特色优势项目。实验小学的小乐团水平顶尖，享誉国内；东关小学的健美操市区有名，成绩斐然；三十七中的蓝天合唱团堪称一绝，屡获金奖。三校将特色训练前移，训练质量上乘，梯队建设充分，达到了特色建设的高效衔接。

4. 系统整合，共享片区资源

专业教室资源共享。通过编排片区“大课表”，确保专业教室等资源利用最大化。

名优教师资源共享。成立了片区学科教学专家组及优秀班主任指导团队，充分发挥片区名优教师的辐射引领作用。

教科研成果共享。我们进一步梳理研究课题，整合形成了“高效学习与差异思维关系”这一片区课题，形成了片区研究合力。

管理经验共享。我们以中学为主导，定期组织开展学校管理观摩交流活动，总结提炼片区成功管理经验。通过开展片区集体诊断，发现和改进管理中存在的问题，实现共同提高。

四、关于片区管理的几点收获与体会

1. 片区管理督促我们对校园文化的再思考

孩子由小学走进初中，首先感受到的是初中学校的物质环境、人文气息，同时在他们心中将两校进行不自觉的比对，这个比对过程，就是孩子们对初中学校认同与否的过程。而孩子们心理上对学校认同与否都决定了他们在新的环境中怎样来调整和释放自己的态度和方式。所以，初中学校的文化建设至关重要，而这往往是影响孩子们过渡期角色转换的重要因素。

2. 片区管理促使我们准确定位对接点

开展片区管理，促使我们找准对口校间教育教学存在的真实问题，对深入分析问题产生的原因及制定解决对策起到了积极的作用，使得各校坦诚有效地采取针对性措施，实现衔接方式的多元化，为衔接奠定了基础。在教学环境、教学方法、特色传承等方面实现双向靠拢，使低中高段彼此有机衔接。针对我校健美操特色训练困难，但使用期限短暂（初一选拔、初二成熟、初三退出）这一现状，尝试将特色训练前移，三校在低年级共同组队集中训练的方式，以保证质量，凸显特色，达到特色建设的高效衔接。

3. 片区管理让中小衔接水到渠成

中小衔接不是刻意地硬链接，而应是有意识地软着陆。在衔接过程中，我们不是机械生硬地采取措施，而是逐渐降低难度，减少容量，缓解坡度，遵循由低到高、由易到难、由下到上的认知规律，采取“小梯度、多训练、分层次”的方法，将教育目标层层分解、步步落实。

各位领导同仁，我区进行的“片区＋校群”管理是挑战，更是一次创新。用心推动的管理改革闪烁着坚持的光亮，也必将迎接更为广阔的发展机遇。

且思且行，我们正行走在路上

——杨学慧校长工作室2018年度工作总结

本年度，杨学慧校长工作室在上级领导及各部门、各兄弟工作室的关心支持下，依照工作室相关管理规定、年度计划和相关文件精神，认真组织各项学习、培训、考察、研讨等活动，较好地完成了目标任务，现对一年工作总结如下：

一、认真思考，完善年度计划及规章制度

通过认真思考，充分讨论，由主持人牵头制定了年度活动计划，出台了相关管理制度，《杨学慧校长工作室工作制度》《杨学慧校长工作室例会制度》《杨学慧校长工作室学习制度》《杨学慧校长工作室研修制度》《杨学慧校长工作室经费使用相关规定》，等等，保证了工作室的规范性及科学性。

二、自下而上，确立工作室年度研究主题

工作室成立之初，组织召开工作室启动会，会上结合各校校情和实际面临的困惑及思考，本年度共确立以下四个研究主题：

一是如何引领教师开展务实有效的校本研究？

二是如何实现学校管理的精细化？行之有效的载体是什么？

三是提升校长领导力的路径及方法是什么？

四是教师队伍建设的突破口在哪里？首要任务是什么？

以上主题虽然不同阶段有不同侧重，但整体上通过“主题引领，块状推进”的思路推进，要求工作室成员人人心中有研究主题，时时关注研究主题，例会研讨时侧重主题研究，以研究主题来牵动例会研讨内容，提高例会质量。

三、深入调研，明晰工作室共研课题

工作室积极鼓励成员根据各校实际情况申报课题。工作室邀请区域小班中心科研主任吴琦到各成员校进行课题指导，取得了较好效果。结合十三五区域重点及重大课题，同时根据各校发展状况和各校重点课题——三十七中课题《以学生发展为导向的学校文化建设新路径》、七中课题《超越教育的实践研究》、七十一中课题《激情教育的实践研究》、东关小学课题《崇真教育的实践研究》、普兰店二十一中省级课题《农村中学学生信息素养现状研究》，整合之后提出了以“以学生发展为导向的学校文化建设”为本年度工作室共同课题。要求工作室成员立足本校，放眼世界，思考校园文化建设这一根本问题，并明确指出特色学校建设的实质是文化品位的提升，教育内涵的发展。通过工作室平台，学习交流，思想碰撞，最终要寻找到适合自身学校发展的文化建设之路。

四、读书学习，提升学员教育理论水平

本年度，每个工作室成员都研读了 2 本以上教育专著，成员自行选择专著阅读，阅读后开展了读书沙龙活动，成员们畅谈了读书心得。其余时间则通过个人自修、交流研讨、经典解读等多种形式，提高了学习效果。现在，工作室倡导成员坚持“每天阅读 1 小时，每月阅读一本书”活动，让阅读成为习惯，让阅读成为校长成长的起点。

五、精准服务，推进学校文化特色建设

今年 5 月份，我带领工作室成员随同大连教育学院领导走进工作室成员普兰店二十一中李记校长所在的学校，开展了精准服务活动，全方位了解学校的文化特色，现场通过听课、评课、分层座谈会、校长汇报、十三五规划督导、查阅资料等形式帮助李记校长诊断把脉，点评各校学校文化，并提出中肯的意见和建议。由于李记校长是去年 11 月刚刚上任，这样的诊断分析如及时雨恰到好处，此次活动也是一次浓缩版的聚焦培训，是点对点地对成员校进行的一次学校文化建设新路径的精准辅导，使李记校长对学校未来发展有了新的认识与思考。

六、铺路搭台，创设各地工作室相互学习的机会

自工作室成立以来我积极铺路搭台，促进促成异地互访交流活动共 6 次，分别是：

一是 2016 年 9 月，营口霍丽工作室所在学校大石桥二中到三十七中的学访活动。

二是 2016 年 10 月，与中山区迟伟工作室联合举办初三年级联合大教研活动及两次联合命题活动。

三是 2016 年 11 月，营口霍丽工作室全体成员一行 8 人到三十七中的学访活动。

四是 2016 年 11 月，杨学慧工作室积极牵线搭桥促成营口霍丽工作室所在学校大石桥二中小学部到大同小学的学访活动。

五是 2017 年 3 月，杨学慧工作室再次牵线搭桥促成营口霍丽工作室成员校二次深度探访大同小学的国学展示活动。

六是 2017 年 12 月，工作室部分成员及教师开展了到大石桥送教下乡活动。

七、送教下乡，感受到了“手有余香”的幸福

2016 年 12 月 5 日，工作室部分成员及 4 位骨干教师一行 7 人来到大石桥参加了送教下乡活动，受到大石桥当地教育局的高度重视。市局领导及进修学校领导全程陪同，全程参与，全市所有中学由中层领导带队，各学科教师共计 400 余人参加。一天中我们认真组织了四节同课异构、三场教研组经验分享、两场班主任沙龙、两场校长主题讲座。

对方虚心的态度、周密的安排、精细的服务让我们备受尊重与信任，这份尊重与信任化作我们的压力与动力，前一天晚上做课教师细细研课至深夜，讲座的校长研究探讨交流的内容至深夜，那夜无眠，但值得。学然后知不足，大石桥二中严谨的教育教学管理，恢宏气势的大课间操，独特有序的创新放学模式，校园文化缩影的温馨三分钟都给我们留下了深刻的印象，学习无处不在。此次活动，提升了成员校长及教师的自信心与使命感，切切实实开阔了工作室成员的视野，促进了书本知识理论内化的过程，取得了远远超出我们想象的效果。

八、倾情奉献，分享让我们走得更远

俗话说：半生从教路，始悟育人经。而我要说：十年校长路，仅仅是略知管理一二三。

十年的校长经历让我深刻认识到校长之路是艰难的，但既然选择，就不怕路远。耕耘是为了收获，悬帆是为了远航！做一个对得起"初心"、守得住"寂寞"、担得起"责任"的校长是我一直以来做校长的梦想，每个校长都用自己的方式表达着对教育的梦想和热爱，那么，我在"杨学慧校长工作室"面前应该如何担得起这份责任呢？我认为那就是分享。

分享的过程是相互聆听，彼此借鉴的过程；分享的过程是去粗取精，梳理提炼的过程；分享的过程是深度思考，理清思路的过程。我积极热心地参与到各级各类的学术交流、经验分享活动之中，来自大连教育学院、西岗区教育局、西岗进修学校领导的信任与厚爱给了我讲座时的力量源泉，给予的同时受益最大的是我，每一次准备发言的过程使我在痛苦中成长，每一双信任的眼神中我读到了教育人共有的快乐。2016 年 5 月至今，承接了市级讲座 6 场，国家级讲座 1 场，考察团进校考察讲座 9 场，经过粗略统计，工作室全体成员参加的各级经验交流共 11 次，接待各地考察团讲座共计 13 场。"教然后知不足"，讲座汇报促进了成员学习和研究，激发了我们工作室成员学习的欲望，同时发挥了各成员的资源优势，促进了彼此的快速成长，总之，分享让我们牵手相望，走得更远。

九、工作室主要成效

第一，工作室成员主动改变自己的愿望强烈，积极参与各级各类培训，参训的足迹遍及祖国大江南北。工作室自成立以来共参加培训 24 人次，且紧密联系各自学校的实际展开研究，以自己的办学实践为主线，边学习边研究，促进自己的专业发展，在一定程度上也改进了学校工作，促进了学校可持续发展。

第二，以工作室为平台，各学员交流学习多次。这一过程我们相互切磋，增进了友谊，学到了知识，启发了思想，开阔了眼界。特别是大石桥二中的交流活动，大大提升了工作室的知名度及影响力，提升了成员的自信心和凝聚力。

第三，工作室成员学习意识、研究意识得以提升。工作室成员所在学校分别申报和在研省市区级重点科研课题。一次次的课题申报过程、一次次的专家修改指导、一遍遍的思路梳理纠正让成员们得到成长，思路更加清晰，理念更加先进，行动更加准确，策略更加科学。

第四，学员所在学校在各项考核中（据不完全统计）获区市级奖励 80 余项，教育质量稳中有升，社会评价良好。

第五，在此期间，成员校中有三所学校受到局领导的格外关注进入集团校行列，其中三十七中——七中成立了三十七中教育集团，东关小学——实验小学成立了实验小学教育集团，成为区域教育重点关注的生力军。

第六，工作室带动片区联动更加紧密。成员校三十七中与东关小学早在 2013 年就成为西岗区 9 大片区之一，在设备资源共享、特色项目联动、中小衔接管理等方面已经有了许多尝试，两校近水楼台互助共赢，积累了宝贵经验，本次工作室的成立无疑让这份联系更加紧密。

当然，由于工作室刚刚进入正轨，时间周期尚短，更重要的是主持人主持工作室任务尚属首次，毫无经验可谈，摸索中前行，一定存在很多不足。比如思想上重视程度还不够，集中活动的次数不够多，交流不够深入，主持人以工作繁忙为借口深入成员所在校的次数不够，工学矛盾中不能够克服困难创新思路，等等。今后工作中将克服这些问题，把工作做得更好。打铁还需自身硬，我无数次地提示自己：工作室的成败完全取决于主持人的引领能力，我行吗?忐忑惶恐中我不敢怠慢，既然责任在身，唯有加强学习，提升素质，才能不辱使命。本次检查对于我们来说就是一次工作的梳理，让我们对工作室的工作进行了重新思考及规划。

千磨万击还坚韧，砥砺前行追梦人。在校长发展之路上，有我的追求，我的爱，我无怨无悔。校长工作室的工作对我来说是崭新的，但我坚信，带领我们五位成员由零开始迈步从头越，未来的校长工作站灯光璀璨、风光无限，定会照亮我们不倦进取的金色年华。

且思且行，我们正行走在路上……

共享·共赢·共成长

——2018年初中B组导师团队带教工作总结

时间过得好快，第8期影子培训启动大会仿佛就在昨天，如今，导师带教工作也即将落下帷幕。回首一年的带教工作，有辛苦，有甘甜，有兴奋，有感动，我们收获了友谊与思考，感受到团队的力量与温暖，过程中共享、共赢、共成长。受初中B组三位导师校长委托，现将初中B组的带教工作总结如下：

一、我们共同的经历

1. 第一阶段：导师校长团队走校调研阶段

（1）走校的时间安排

6月12日上午——瓦房店三十五中

6月12日下午——瓦房店十六中

6月13日上午——瓦房店二十三中

6月13日下午——普兰店二十一中

（2）调研的活动安排

克服困难，一路颠簸。6月12日早上七点半，团队就准时出发了，大家拥挤在车厢中，一坐就是几个小时。已近60岁的佟世军校长和痛风病缠身的丛斌校长默默克服自身困难，他们一路欢笑，毫无怨言。中午短暂的休息时间导师们是在讨论棘手问题，解答影子们无数个疑问中度过的。

精心安排，高效指导。我们如期走入四所学校，为了满足影子校长们的需求，为了保证下校调研实效性更强，我们提前沟通，合理设计，精心安排，准确对接，半天的时间，却安排了丰富的内容。我们以学习者、观察者、指导者多重身份对四所学校开展了实地调研，精准服务，通过参观校园文化、听课评课、分层座谈、校长汇报、规划督导、翻阅资料、案例分析等形式诊断把脉，点评各校校园文化，指出存在的问题并提出中肯的意见和建议。

（3）本次调研的效果

面对学校的困难，影子校长的难处是可想而知的，作为导师校长的心情也是迫切的，基于此，我们开诚布公，倾囊相授，毫无保留。特别就学校发展中遇到的疑难杂症、棘手案例，我们集团队智慧于一体，现场进行案例分析，确定解决方案，立刻拿出支招策略。如对瓦房店二十三中一特殊学生的诊断方案就取得了很好效果，后经校长反馈，学生转变很大，班级面貌焕然一新，效果非常明显。再如，本次走入普兰店二十一中是我们时隔一年的回访，也是我们第三次跨入这所校园，三次下校，三种感受，三次超越，学校三年来发生了巨大变化，曾经的教师倦怠感难题、家校共育难题都得以解决，这些从我们目光所及、校长交流及师生座谈中可以得到证实。我们为校长的成长与学校发展叫好的同时，也为导师带教、影子培训这种方式能为大家实实在在提供一点帮助而由衷地感到欣慰。

2. 第二阶段：影子校长分组跟岗研修阶段

（1）跟岗的时间安排

9 月 17 日、18 日——大连市格致中学

9 月 20 日、21 日——大连市第三十七中学

10 月 9 日、10 日——大连市第四十四中学

10 月 11 日、12 日——大连市第八十中学

（2）跟岗的活动安排

有序组织，明确分工。作为"影子校长"跟岗基地，每一次跟岗前，我们四所基地校都会成立相应的组织机构，导师亲导，专人负责，统筹安排，明确分工，中层干部和部分教师也参与其中。学校会在前期广泛了解影子校长们的

需求，量身制定周密而丰富的跟岗计划，并组织好相关活动。

精心设计，形式多样。形式之一是交流座谈，思想引领。交流座谈促使影子校长带着新的理念、新的理解、新的思考重新审视学校工作，重新梳理工作思路，更有的放矢地解决学校实际问题，更好地带领学校发展。形式之二是导师讲座，理念冲击。导师校长为影子校长作专题报告，深受影子校长们的欢迎，影子校长在导师校长的大频度的理念冲击中所感、所悟、所得。导师校长将先进的理念、治校的策略和盘托出，同时还为他们提供了许多翔实的文字管理资料和影视资料，可以说毫无保留、倾囊相授。形式之三是走进师生，聆听课堂。这是我们为影子校长们安排的必修课，因为我们始终坚信，课堂是提高教学质量的主阵地，乐为课堂做小事，才能成就学校大发展。这样的安排意在提醒每位影子校长时时刻刻聚焦课堂，将校长的关注力务必转移到教学质量上。每次看课之后的交流是充分的，从影子校长们激动的眼神中我们读到了他们的收获。形式之四是参观校园，感悟文化。让影子校长在四所学校不同的校园文化设计理念中去粗取精、对比思考，读万卷不如行千里，对此，影子校长们深有感悟。

二、我们达成的共识

共识一：近水楼台，导师校长之间互鉴共享。

其实，在带教影子校长的过程中，我们从彼此身上也学到了许多，尤其在集体下校调研诊断过程中，彼此间诠释教育理念、分享治校策略、分析教育案例、倾听管理故事……多么宝贵的学习机会啊！导师互为导师，学无止境。身边的同伴都堪称大连市校长中的佼佼者，聆听的过程是学习，更是反思——基层学校教育教学管理实践是我们天天都在经历的工作，所不同的是，我们可能更多的是被动工作，是事务性的工作，是形成定势的惯性工作，缺少更加积极深入的思考。而思考形成思想，思想决定行动，给影子校长指导的过程也是自我梳理并提升的过程。尽管我们拥有“导师”的头衔，但未必真正拥有“导师”

的实力与情怀，只要我们敞开胸襟勤于思考，今天的"导师"一定会成就明天更加努力的自己。做导师的目的除了带教，更在于能够开阔视野，不断自我提高，虽不敢说能成为真正的导师，但也应该行进在通向这一目标的路上。

共识二：教学相长，与"影子"校长共成长。

一个人的成长不外乎是内外因互动作用的结果。但个体因素是成功的关键，主动发展是现代人成长的显著特点。影子校长们也有很多事务性工作，他们却能静下心来，在课堂教学、校本研修、课程管理等多方面充分地沟通交流，对我们导师及所在学校的发展也提出了一些很好的意见和建议，他们这种虚心向学，认真敬业的态度让我们感动；学习期间，他们起早贪黑、长途跋涉、披星戴月，克服工学矛盾与困难，着实令我们钦佩。交流、反思、梳理、提高，这一过程，我们又何尝不是一起成长呢？所以，我们要说：感谢中心对我们的信任，领导的关怀、团队的协作，让我们在工作中实现了自身的价值，我们热爱这份工作，坚定地出发和行走，收获成长，拥有"影子"对于我们是一件幸福的事儿。

共识三：影子校长要明确"为何"与"何为"。

下校调研让我们看到了目前农村教育的现状，感受到农村教育所面临的诸多困难，如留守儿童习惯养成教育的顽疾问题，高级教师的工作倦怠问题，家庭教育无力问题，教育投入有限的问题，教师培训力度问题，优秀师资流失问题，绩效工资分配不公问题，等等。这一切都在告诉我们：农村教育任重而道远。

我们说，导师下校诊断不能解决全部问题，照搬模仿导师学校的做法更是无济于事，但保有一份对教育的热爱和情怀是我们做校长的底线与坚守。唯有放下抱怨与为难，抛开顾虑与纠结，行动是唯一可以做的事情，不尝试，怎么知道就一定不行呢？为了孩子们，为了一个个家庭的百分百，这是每一个影子校长的"为何"，同时，改变能够改变的，坦然接受不能改变的是每一个影子校长的"何为"。为此，我们所有导师校长都是他们的坚强后盾，竭尽所能，无私帮助。

共识四：影子工程或可带来大连教育的春天。

一路走来，我们做导师也已经好多年了，带教经验从无到有，带教态度从被动到主动，下校调研从参与到投入，从亲历带教工作之难，品尝下农村校之苦，到如今切身感受到带教工作之乐。我们深刻体味到：作为导师，引领影子校长任重而道远，学习无止境，充实自己没有尽头。同时，带教的前提是多做并做好，唯有以身作则，率先垂范，才能当好导师。

在大连几百名校长中诞生的导师校长仅有寥寥二三十人，较少的一个群体，带头与引领的作用是有限的，但是，以导师校长为龙头，带动大连，形成合力，影响更多的教育同仁的美好前景确实是可以期待的。坚守教育“初心”，担当区域“责任”，我们永远在路上。

总之，影子校长的成长之路是没有捷径的，凡难事，必做于易；凡大事，必做于细。我们现在所做的工作虽不一定算得上大事、难事，但做好并不容易。我们更需要能从思考开始，将思考化为行动，将导师的带教工作做得更好，不负各级领导对我们的信任，让这个少数群体的星星之火，成燎原之势，带来大连教育百花齐放的春天！

党建引领教师发展新篇章

——大连市第三十七中学

为深入贯彻《关于加强中小学校党的建设工作的意见》，切实落实新时代党的建设总要求，近年来，西岗区第三十七中学以党的建设为统领，紧紧围绕立德树人根本任务，以加强党员教师队伍建设为重点，打造多个促进党员教师发展、引导党员服务的项目，形成独具特色的“六三三四”品牌，实现了党建工作与教师队伍建设的深度融合，为提升办学质量，打造“百姓家门口的好学校”提供了坚实的政治保障。

一、“六学模式”让党员教师成为坚定理想信念标兵

理想信念是爱党之源，坚定教师的理想信念是学校支部工作的核心。2016年，在全党深入开展“两学一做”主题学习教育活动之际，我校探索出“六学模式”，一方面使学习教育常态化，另一方面使主题教育有抓手。“六学”即：集中学、个人学、研讨学、督促学、网络学、体验学。围绕“六学”，我校建立了64平方米的党员活动室，同时建有党建资料室和党建长廊，全面营造党建氛围，做实集中学；给教师购买多种书籍，指定学习内容，安排教师自学并撰写学习笔记，引导个人学；严格组织生活制度，利用“三会一课”，积极开展学习讨论，形成研讨学；丰富党日主题，开展“知识竞赛”、主题演讲等形式多样的活动，实现督促学；建立党员教师工作QQ群、微信群，在知校平台开设“党建栏目”，定期更新内容，拓展网络学；每逢“七一”带领党员走出去，到周恩来纪念展室、大连早期党组织活动教育基地提升党性修养，探索体验学。“六学模式”形式多样，党员教师积极参与，使党员教育工作更加科学

化、制度化、规范化和多样化。

二、“三领先”让党员教师成为丰富扎实学识的楷模

扎实学识是为师之基，让教师成为教育的行家里手是学校的重点工作。2018年，在大连市“师德建设年”和我区“新生态教育”活动开展之际，强化党员教师的先锋模范意识，激发教师内动力，做最好的自己，回应市民对美好教育的期盼，我校提出党员教师“三领先”，一方面给教师搭建平台促其发展，另一方面引导教师主动发展。“三领先”即：师德领先、育人领先、业务领先。学校在师德方面开展“党员示范岗”“感动校园年度人物评选”等活动，让全校师生领悟了党员教师的高尚师德；开设“家庭教育沙龙”“博约讲坛”等，充分发挥党员教师优势，让育人的合力得以充分展现。利用“我爱芳草地”教育案例分析会、“培优大课堂”素质提升、“党员示范展示课”等载体，施展党员教师深厚的教学功底和个人魅力。“三领先”让党员通过自己的实际行动成为大家学习的榜样、学习的标杆，完美诠释了“一名党员是一面旗帜”的内涵。

三、“三牵手”让党员教师成为高尚道德情操的典范

道德情操是人之根本，学校要引导党员教师做为人民服务、为学生服务的践行者。2018年，与“三领先”应运而生的是“三牵手”，一方面引导教师向榜样学习，另一方面充分践行我党“为人民服务”的宗旨。“三牵手”即：牵手先进典型、牵手青年教师、牵手特殊学生。入职教师汇报课、青年教师展示课、成熟教师示范课、导师特色课、徒弟谢师课、“牵手成长”教学季、“师徒结对”会，党员教师为师资队伍梯队式发展夯实了基础，贡献了力量。通过“牵手特殊学生”，党员教师走进学生家庭，帮扶学困生、潜能生，关注每一个，真正做到用知识引导学生，用真情关爱学生，用行动感化学生，用良好的师德形象影响学生，增进师生之间的理解与沟通，进一步建立形成和谐的师生

关系。“三牵手”使党员践行“为人民服务”的宗旨，有了实实在在的对象，为社会，为学校，为同事，为学生，我们的党员一直在服务的路上。

四、“四联一进”让党员教师成为拥有仁爱之心的最美教师

仁爱之心是师之本真，学校要倡导党员教师做学生的贴心人，实现育人的教育目标。早在2015年，学校提出党员教师“四联一进”的活动。一方面，密切了党群干群关系；另一方面，帮助家长、学生及教师解决存在的问题和困难，为办好人民满意的教育提供坚强有力的组织保证。“四联一进”即：联系一名非党员教师，为其引路；联系一名学困生，为其辅导；联系一名家长，为其指导家庭教育；联系一个社团，为其指导活动；坚持党员教师进社区活动。学校坚持开展青年志愿服务活动，组织党员教师到星星乐园孤独症儿童爱心基地、北京街家乐福超市，弘扬“奉献、友爱、互助、进步”的志愿者精神。“四联一进”活动的开展，提高了党组织的战斗力，体现了党员教师的先进性，引领增添了社团发展活力。走进社区，让社区居民看到党员为民服务的精神风采，不忘初心为群众，让党员在为民办事中聚集民心、聚合民力。

近年来，学校先后荣获“西岗区先进基层党组织”“大连市优秀党建示范基地”“辽宁省文明校园”“辽宁省课改先进学校”“全国百强特色学校”等荣誉称号。今后，将以全面落实《中国共产党支部工作条例》为重要抓手，扎实开展“不忘初心，牢记使命”主题教育，持续创新党员教育活动载体，进一步拓宽党建思路，在党建引领教育工作的实践中做出新的更大的成绩。

2019年5月

生态教育

诉说校园故事，找寻文明的样子

2017年，大连市第三十七中学迎来55岁生日。55年，岁月如歌，诉说着三十七中学从一所家门口的学校成长为全国百强特色学校；55年，生命如歌，记录着三十七中人求实创新、锐意进取，为文明校园创建不断探索的故事。在狭小的东关街道里，学校孕育着教育的远大梦想，走过半个世纪的三十七中学，响亮地喊出“国际理解教育，为精彩人生奠基”的庄严承诺。

三十七中学把“知晓文明礼仪，提升文明素养，让优秀成为习惯”作为校园文明的精神内涵，将“做实、做细、做精”作为校园文明标准，尊重每一个生命个体，珍视他们每一天的成长经历，在一个个生动的校园故事中，我们找寻三十七中人的文明的样子。

一封家书让校园多一份真情的流淌

放假前，在期末家长会上，校长亲自为家长布置了三样作业，其一就是为孩子书写一封家书，要求说出真话，抒发真情，将亲子之间的心灵沟通付诸笔端。开学之后，在家长自愿的基础上共收到231封家书，面对家长的真情诉说，或寄语未来，或回忆往昔，或细数成长点滴，或倾诉生命中的感动……在婆娑泪光中，孩子们感受着母爱的温暖、父爱的深沉、大爱的力量，一封封家书让校园多了一份真情的流淌，“爱满家书”活动取得了很好的教育效果。

博约讲坛让校园多一缕浓郁的书香

博约讲坛在三十七中校本研修中已经坚持了多年，2016 年开学初，讲坛上多了一群年轻的面孔。六位年轻教师率先走上讲坛，分享她们的假期读书心得，用好书推介和个人感悟两个板块，通过图文并茂的展示，幽默风趣的分享，将教师读书活动推向高潮。读书是一种习惯，更是追求高雅不可或缺的途径，三十七中老师们每个假期都在用这种形式找寻文明的样子。

假期见闻让校园多一扇世界的窗户

放假前，学校为全校孩子布置了一项作业：读万卷书，行万里路，记录自己的假期见闻。开学后，孩子们迫不及待地用文字、用照片、用视频向同伴们展示自己看到的大千世界和自己的奇妙感受。一扇扇通往世界的窗口缓缓打开，一双双好奇的眼睛在异域风情中畅快游历。多元文化在这里聚焦，校园文明在这里升华。

入学课程让校园多一份幸福的守望

2016 年 8 月 25 日，是全市新生报到的日子，极其普通的报到日，经过精心的设计策划，"幸福的守望"入学课程与大家见面了。一周的入学课程在"走进学校""认知自我""规划未来"活动中，在"破冰活动认亲""参观校园认家""走过中学门——入校仪式""结识并采访一名校友""写给未来三年后的自己"活动中逐一实现。入学课程让校园多了一份期待的凝视，幸福的守望。在爱与陪伴，等待与守望中，帮助孩子们找寻文明的样子。

家长大讲堂让校园多一份共赢的力量

三十七中的家长大讲堂已开办两年有余，为满足家长迫切的愿望，在家长议事会、家长义工的共同努力下，已举办家长大讲堂讲座 5 场、学生成长营活动2次、家校联合义工志愿活动3次，家长大讲堂让家长们真正走进孩子心里，走进学校管理，走进家校共育深处。大讲堂让校园多一份合作共赢的力量，在携手共育中找寻文明的样子。

好习惯20条让校园多一些美好的模样

2017年9月1日清晨，伴随着冉冉升起的五星红旗，三十七中生生不息的校园又迎来了新学期的开始。开学典礼以“创建文明校园，争做文明中学生”为主题，将“好习惯20条”以绕口令的形式，生动形象、深入浅出地呈现在学生们面前。教育是什么？教育就是习惯的养成，三十七中每天都在简单而又重要的细节中，书写着“金色习惯，阳光一生”的故事。

文明校园培养什么人？文明校园怎样培养人？在持续的追求与行动中，三十七中在过程中落实、在实践中升华，拓宽教育思路，突出活动特色，注重实践育人，从而将文明校园的创建工作落细、落小、落实。

唯有文明，让校园更绚烂美好……

唯有教育，让生命更弥足珍贵……

描绘三十七中"新生态教育"的美好样貌

根植于西岗区这片沃土，沐浴着课改的春风，2017 年的西岗教育再次谱写了励精图治的奋进乐章。盘点 2017，西岗教育佳绩频传，硕果累累；回顾 2017，全体西岗教育工作者豪情满怀，壮志凌云。我们在全员德育、素养培育、课堂改革、课程建设、队伍建设、信息化建设等方面取得的宝贵经验和实践特色，极大地鼓舞了全体师生，也带给全区人民更多的自豪感和获得感。

聆听了西岗教育 2018 年工作计划，细细品味，一个拥有"创新、协调、绿色、开放、共享"理念的幸福西岗美好画面日渐清晰；一个在"新生态教育"下，激活每一位教师，发展每一所学校，成就每一个孩子，重塑小班化教育理念的精致西岗在我脑海中徐徐生成。2018 年的区域计划如色彩丰富的画卷，其中的一个高频词"新生态教育"的多次提及，让我充分感受到这幅画卷呈现出的巨大活力和时代特征。

如何理解区域"新生态教育"呢？作为基层学校又该如何去找寻"新生态教育"的样子呢？聚焦 2018 年区域计划中的部分工作，谈几点个人的思考与认识。

我眼中的"新生态教育"

对于"新生态教育"，我的理解就是：沉下心来，做好学生终身发展这篇"大文章"。"新生态教育"即尊重教育自身的规律，安静地实施各项教育，静水流深，追求品质；"新生态教育"寓意着积蓄力量，发展内涵；"新生态教育"就是营造教育的适宜环境，追求育人的静雅境界，润泽师生的诗意情怀。

基于区域工作愿景和我校的办学理想，我们愿在2018年努力描绘“新生态教育”的样貌。

在校园文化的精神传承中描绘“新生态教育”的样貌

学校一定要相信文化的力量。我始终信奉：“教育就是发展”“进步就是优秀”，只要学生跟自己比进步了，就是成长，学校就是好学校。学校精神是学校文化的内核，是文化的凝练，是可以让大家去追求、去践行的一种态度、选择或者行为。多年来，我们持之以恒把每一件小事做好，“每天进步一点点”作为三十七中人的一种精神加以传承。正是这份追求，不仅孕育了我校“进步即成长”的学校文化，也是对“新生态教育”简明而具体的阐述、坚定而从容的践行。

在优质课堂的不懈追求中描绘“新生态教育”的样貌

学校成长之“源”一定在课堂，课堂是学校教育恒久的守望与变革的原点。2018年我们将继续聚焦课堂，牢牢抓住撬动质量提升的这一稳定的支撑点，从课堂主动地“应变”中推动改革，从“让学生的学习一定要真正发生”做起，完善办学理念，建构学校特色，见证师生成长。学校育人有道、质量上乘，必定体现在教师上好每节课、教好每个孩子中，学校的声誉源于课堂，根植于优质课堂中的教育之树，才会苍翠茂盛，硕果累累。努力提高质量一直是我们教育的永恒主题。多年来，三十七中人一直对课堂保持敬畏之心，高效的课堂教学始终是我们的追求，原生态的课堂始终是师生成长的乐园。2018年，我们将继续把“521自主课堂”做细做实，充分激活学生，全面调动学生内在的学习动力，形成学生真正自主学习的崭新局面，让其人格得到尊重与升华，让其成长变得智慧和幸福，进一步描绘教育新生态的样貌。

在教师队伍的科学化管理中描绘“新生态教育”的样貌

教师之于学校，一如参天大树，根深方能叶茂。自信是促进教师迸发内动力的源泉，我校实施的“名誉管理”举措，在认真梳理学校文化的基础上，提出了“亲情家园、人本校园、成长乐园”的教师队伍建设目标，实施过程中，从大处着眼，从小事着手，将“名誉管理”做小、做细、做实、做精。帮助教师建立自信将成为我们带领队伍再上新台阶的着力点，其根本在于让教师更灵动、更活跃、更自信。

有教师的成长幸福，才有学校的长足发展；有幸福的教师，才有幸福的学生。一直以来，我们总是高高举起“教师第一”的大旗。没有教师第一，哪来的学生第一？在影响学校发展的五个关键词即教师、学生、课程、课堂、管理中，教师永远排在首位。2018 年，为了学生的幸福，我们更加苦心经营教师队伍，继续在教师队伍的优化管理中描绘新生态教育的美好样貌。

2017 年，是充实而丰盈的一年，2018 年，我们将以“新生态教育”为目标，努力提升品质内涵发展，提升办学竞争力，通过党建工作持续深化、课程课堂深度变革、教师队伍精致打造、五大工程齐头并进等准确定位区域目标，基层学校必将认真贯彻，积极落实，为西岗教育的发展做出自己应有的贡献。

附 录

个人获奖情况汇总表

序号	时间	称号名称	级别	发证单位
1	1993.9	优秀青年教师	区级	西岗区人民政府
2	1994.4	优秀课二等奖	市级	大连市教育学院
3	1994.5	青年教师教学标兵	市级	大连市教育局
4	1997.6	辽宁省学科带头人	省级	辽宁省教育局
5	1997.1	全国首届政治学科优质课二等奖	国家	中国教育学会
6	1998.3	优秀论文一等奖	市级	大连市教育学会
7	1998.4	优秀论文一等奖	省级	辽宁省教育学会
8	1998.4	大连市骨干教师	市级	大连市教育局
9	1999.4	辽宁省政治学科教育教学能手	省级	辽宁省教育学会
10	1999.4	优质课一等奖	省级	辽宁省教育学会
11	2000.1	优秀课一等奖	区级	西岗区教师进修学校
12	2000.11	教育科研优秀奖	市级	大连市教科所
13	2000.12	二等优秀论文	市级	大连市教育学会
14	2001.5	优秀团干部	区级	西岗区教育局
15	2001.7	优秀班会一等奖	省级	辽宁省教育学会
16	2001.9	优秀课一等奖	省级	辽宁省教育学院
17	2001.9	优秀教师	区级	西岗区人民政府
18	2001.10	优秀指导奖	市级	大连市教育局
19	2001.12	大连市政治学科带头人	市级	大连市教育局
20	2002.12	大课间优秀创编奖	市级	大连市教育局
21	2003.6	中学兼职教研员	区级	西岗区教师进修学校
22	2003.8	大连市骨干教师	市级	大连市教育局
23	2004.1	优秀成果三等奖	省级	辽宁省教科所
24	2004.5	教学改革先进个人	区级	西岗区教育局

续表

序号	时间	称号名称	级别	发证单位
25	2004.8	大连市政治学科兼职教研员	市级	大连教育学院
26	2005.1	初中政治学科带头人	区级	西岗区教育局
27	2004.3	体育工作先进个人	区级	西岗区教育局
28	2007.1	优秀课一等奖	国家	全国教育专业委员会
29	2007.1	辽宁省研究工作室专家组成员	省级	辽宁省教育学会
30	2007.11	双高普九先进个人	区级	西岗区政府
31	2008.9	优秀教育工作者	区级	西岗区政府
32	2008.9	三北地区政治课优秀教师	国家	全国政治课专业委员会
33	2008.1	优秀指导教师奖	省级	三北地区教育学院
34	2009.5	优秀课评比一等奖	省级	辽宁省基础教育中心
35	2009.7	2006—2009 年度优秀共产党员	区级	中共西岗区委
36	2009.9	优秀教育工作者	区级	西岗区政府
37	2010.4	西岗区劳动模范	区级	中共西岗区委
38	2010.10	辽宁省教育科学优秀成果一等奖	省级	省教科所
39	2011.7	2009-2011 年度优秀共产党员	区级	中共西岗区委
40	2011.9	优秀教育工作者	区级	西岗区政府
41	2011.10	省级课题参与者	省级	辽宁省教育科学规划小组
42	2011.12	大连市科研规划优秀成果奖	市级	大连市教育科学规划小组
43	2012.4	大连市劳动模范	市级	大连市人民政府
44	2012.7	大连市优秀共产党员	市级	中共大连市委
45	2013.10	辽宁省科研课题主持人	省级	辽宁省教育科学规划小组
46	2014.9	西岗区优秀教育工作者	区级	西岗区教育局
47	2015.9	西岗区优秀教育工作者	区级	西岗区教育局
48	2015.1	全国百强特色学校模范校长	国家	中国云教育研究院
49	2015.12	辽宁省 2015 年特色建设优秀案例	省级	辽宁省教育学会
50	2015.9	西岗区优秀教育工作者	区级	西岗区人民政府
51	2016.6	辽宁省中小学校长培训专家	省级	辽宁省教育行政学院
52	2016.6	辽宁省第三批专家型校长工作室主持人	省级	辽宁省教育厅
53	2017.4	辽宁省校长专业发展委员会理事	省级	辽宁省教育学会

个人外出学习、经验交流汇总表

序号	交流时间	会议名称	交流题目	级别
1	2007.12	大连市西岗区校长书记例会	《问渠哪得清如许》	区级
2	2008.05	大连市西岗区教学工作经验交流会	《感悟小班化——教学管理点滴作法简介》	区级
3	2009.05	大连市西岗区高效课堂现场会	《做实课前 做精课中 做细课后》	区级
4	2009.05	大连市西岗区小班化现场会	《探索小班化教学实践 走出学校发展低谷》	区级
5	2009.09	大连市西岗区初三工作总结大会	《凝神聚力，科学管理，争创中考佳绩》	区级
6	2009.1	大连市小班化现场会	《创新教育载体 营造绿色文化》	市级
7	2009.1	大连市正职校长培训现场会	《改变，可以这样开始……》	市级
8	2009.11	辽宁省调研小班化工作现场会	《行走在小班化研究之路上》	省级
9	2010.04	南京·大连小班化研究启动仪式	《分享，让我们走得更远……》	市级
10	2010.04	大连市西岗区校长书记例会	《一心一意做研究，聚精会神抓质量》	区级
11	2011.4	第一届大中华小班化会议	《浅谈对小班化教学的领导》	国家级
12	2011.4	西岗区初三教学工作经验交流会	《七十一中学初三管理点滴做法》	区级
13	2011.7	赴天津大港教育局讲学	《小班化之路回顾》	市级

续表1

序号	交流时间	会议名称	交流题目	级别
14	2011.8	大连市西岗区校长书记例会	《抓好中小衔接 夯实质量基础》	区级
15	2011.9	大连市西岗区校长书记例会	《加强片区管理 实现优势互补》	区级
16	2011.11	大连市西岗区校长书记例会	《让鼓声唤醒沉睡的土地》	区级
17	2011.11.	沈阳市科研教育考察培训会	《聚焦课堂 团队激励 潜心研究 科研兴校》	省级
18	2011.12	区域精细化管理现场培训会	《浅谈全覆盖逐点透析式管理》	区级
19	2012.4	全国班主任专业化会议	《浅谈教师团队和学校评价》	国家级
20	2012.5	西岗区教学质量分析调研会议	《立足基础 科学备战 抢抓一个早字》	区级
21	2012.8	西岗区暑假干部例会	《扎实推进片区融合 实现三校质量共赢》	区级
22	2012.9	第二届大中华小班化教学会议	《七十一片区管理做法介绍》	国家级
23	2012.1	沈阳、锦州考察汇报	《用心做教育，爱心做小班》	省级
24	2012.12	西岗区教育系统学习十八大交流会	《乘借东风 扬帆远航》	区级
25	2013.4	第三届大中华小班化会议	《关注每一个的小班实践研究》	国家级
26	2013.5	赴天津大港教育局讲学	《做求真的小问号，做精彩的感叹号》	市级
27	2013.5	赴长兴岛教育局讲学	《做求真的小问号，做精彩的感叹号》	市级

续表 2

序号	交流时间	会议名称	交流题目	级别
28	2013.5	西岗区希望杯教师大赛总结表彰大会	《让每一朵花蕾美丽绽放》	区级
29	2013.6	赴山东东营教育局讲学	《做求真的小问号，做精彩的感叹号》	省级
30	2013.8	赴天津大港油田教育中心讲学	《做求真的小问号，做精彩的感叹号》	市级
31	2013.7	争创大连市特色目录学校汇报会	《发挥大平台优势 助推小班化发展》	市级
32	2013.1	国家均衡教育督导检查汇报	《学校历史及学校发展介绍》	国家级
33	2014.5	国家教育部规范办学行为检查汇报	《规范办学 特色发展 为区域教育优质发展助力》	国家级
34	2014.10	辽宁省副校长挂职培训班讲座	《浅谈课堂教学管理》	市级
35	2015.3	影子校长培训讲座	《让学生的学习在课堂上真正发生》	市级
36	2015.4	营口市正职校长培训讲座	《让学生的学习在课堂上真正发生》	市级
37	2015.10	长三角小班化会议	《让学生的学习在课堂上真正发生》	市级
38	2016.3	大连电视台城市直通车专访	《备战中考学习策略指导》	市级
39	2016.4	大连市保税区教育局干训培训	《管理的艺术》	市级
40	2016.4	营口市副校长干部培训讲座	《让学生的学习在课堂上真正发生》	市级
41	2016.5	新疆石河子高级校长研修班（第一期）	《让学生的学习在课堂上真正发生》	市级

续表 3

序号	交流时间	会议名称	交流题目	级别
42	2016.11	2016 清华大学第七届全国中小学校长领导力高峰论坛	《用课程诠释国际理解教育内涵》	国家级
43	2016.12	赴大石桥二中举办名校长工作室讲座	《课程牵动新学校的建设》	市级
44	2017.4	新疆石河子高级校长研修班（第二期）	《让学生的学习在课堂上真正发生》	市级
45	2017.4	营口育才学校实地考察	《用课程诠释国际理解教育内涵》	市级
46	2017.5	普兰店二十一中	《管理的艺术》	市级
47	2017.6	山东高效课堂研训培训班	《用课程诠释国际理解教育内涵》	市级

参加校长培训学习汇总表

培训时间	培训地点	培训主题	级别	学习期限
2004.5	广州	校长任职资格培训（四城市）	市级	一个月
2004.5	香港	香港教育管理	市级	四天
2005.7	上海	现代管理高级研修班	国家级	一周
2008.4	西安	杜郎口教育思想研究	国家级	一周
2008.6	杭州	小班化教育思想研究	市级	一周
2008.10	日本	中日教学管理探究	区级	一周
2009.3	北京	专家型校长高级研修	国家级	一周
2009.5	大连	大连名校长提高培训	市级	三年
2009.11	南京	长三角地区小班化教育研讨	国家级	四天
2010.5	南京	小班化教育实地考察	区级	四天
2010.10	香港	学校督导评价学习培训	区级	十天
2010.10	大连	“十一五”中小学校长提高培训	省级	五年
2011.4	香港	第一届大中华小班化培训	国家级	八天
2011.8	开发区	名校长培训	市级	四天
2011.11	新加坡	教育考察及精细化管理培训	区级	六天
2012.5	大连	第二届大中华小班化培训	国家级	四天
2012.5	大连	全国班主任培训	国家级	四天
2012.7	北欧	北欧培训基地洽谈考察学习	区级	十天
2013.4	上海浦东	西岗区副处级领导干部培训	区级	七天
2013.4	台湾	第三届大中华小班化培训	国家级	四天
2014.10	北京	全国第五届“新学校”论坛	国家级	两天
2015.1	昆明	全国特色学校高级校长论坛	外研社	四天
2015.10	南京	长三角小班化会议	国家级	三天
2015.11	上海	辽宁省第三批专家型校长高级研修班 1	省级	三周
2016.3	大连金石滩	干部素质能力提升培训班	区级	三天

续表

培训时间	培训地点	培训主题	级别	学习期限
2016.5	厦门	辽宁省第三批专家型校长高级研修班 2	省级	六天
2016.11	大连	2016 清华大学第七届全国中小学校长领导力高峰论坛	国家级	三天
2017.3	大连	教育学院影子校长培训班	市级	三天
2017.4	沈阳	辽宁省校长专业发展委员会理事成立大会	省级	两天
2017.4	沈阳	辽宁省课改示范基地校培训	省级	三天

杨学慧校长工作室交流及讲座汇总表

培训时代	培训地点	交流题目	级别
2016.4	营口市副校长干部培训讲座	《让学生的学习在课堂上真正发生》	市级
2016.5	新疆石河子高级校长研修班（第一期）	《让学生的学习在课堂上真正发生》	市级
2016.11	2016 清华大学第七届全国中小学校长领导力高峰论坛	《用课程诠释国际理解教育内涵》	国家
2016.12	赴大石桥二中举办名校长工作室讲座	《课程牵动新学校的建设》	市级
2017.4	新疆石河子高级校长研修班（第二期）	《用课程诠释国际理解教育内涵》	市级
2017.4	营口育才学校实地考察	《管理的艺术》	市级
2017.5	瓦房店实验学校	《关于课堂实效性的策略研究》	市级

杨学慧校长工作室接待外来考察团汇总表

时间	来访学校
2015.4	南京市教育考察团
2015.6	山东东营教育考察团
2015.10	广州市教育考察团
2015.10	丹东市教育考察团
2016.3	大石桥二中教育考察团
2016.3	瓦房店实验学校
2016.5	瓦房店七中
2016.5	新疆石河子教育考察团
2016.5	锦州市教育考察团
2017.4	新疆生产建设兵团八师石河子
2017.4	营口市育才初级中学考察团
2017.5	新疆八师石河子管理干部培训班
2017.5	瓦房店实验学校